泛在阅读思与行

主编 张静

副主编 包蔼黎 马良

西南师范大学 出版社

国家一级出版社 全国百佳图书出版单位

图书在版编目（CIP）数据

泛在阅读思与行 / 张静主编. -- 重庆：西南师范
大学出版社，2017.6（2019.7 重印）
ISBN 978-7-5621-8674-8

Ⅰ. ①泛… Ⅱ. ①张… Ⅲ. ①阅读课－教学研究－中
小学 Ⅳ. ①G633.332

中国版本图书馆CIP数据核字(2017)第106443号

泛在阅读思与行

FANZAI YUEDU SI YU XING

主　　编：张　静
责任编辑：周　杰
装帧设计：CASTALY 周　娟　廖明媛
出版发行：西南师范大学出版社
　　　　　地址　重庆·北碚
　　　　　邮编　400715
经　　销：全国新华书店
印　　刷：重庆市国丰印务有限责任公司
幅面尺寸：170mm×240mm
印　　张：14.75
字　　数：210千字
版　　次：2017年8月　第1版
印　　次：2019年7月　第2次印刷
书　　号：ISBN 978-7-5621-8674-8
定　　价：38.00 元

《泛在阅读思与行》编委会

主　编：张　静

副主编：包蔼黎　马　良

编　委（按拼音排序）：

邓建中　江明菊　刘小波　谭仕政

王陆森　王小毅　张春燕　赵小翠

序

纵观人类前行的历史，每一次技术革命都给社会注入了新的活力，推动着社会的进步，颠覆着已有的生存方式，改变着人类的生活方式。当代的信息化革命又一次将人类推向了一个巅峰。在这个巅峰上，每一个人都能深切地感受到科技进步所带来的喜悦与不安。

毫无疑问，我们正身处一个因为科学技术革命所引发的剧变的时代！

在这个时代，信息技术为人类构筑起了一个"另类"的生存世界！虚拟世界与真实世界的交织，不断地颠覆着传统的观念，冲击着人们的思想情感！信息载体的多元化也正在改变着人们传统的阅读方式和阅读习惯，而这正是本书所关注的。

阅读不啻为一个应对物质极大丰富的多元化时代的上佳行为方式，同时，这个时代在引导人们广泛阅读时，让我们学会了有甄别地阅读，有计划地和系统性地阅读；引导人们在大量阅读时，让我们学会了积累阅读、理解阅读、精品阅读、经典阅读和理性阅读。如今，阅读已成为人们净化自我、完善自我、实现自我的内在精神需求的重要途径。

我们知道，阅读是一种生命状态，是润养精神生命的源流。就一个民族而言，其生存状态就与这个民族的阅读习惯有关。李克强总理指出："把阅读作为一种生活方式，把它与工作方式相结合，不仅会增加发展的创新力量，而且会增强社会的道德力量。……人们不仅在追求物质财富的增加，而且希望有更丰富的精神生活。"朱永新先生指出："一个民族、一个国家的竞争力不是取决于它的物质力量，而是取决于它的精神力量，取决于阅读的力量。"阅读与民族精神、人类文明有着不可割裂的血脉承继，这已为世界众多优秀民族的发展史所证明。就个人而言，无论处在何种环境，只要把阅读当作一种自觉行为，便会成为一个幸福的人。阅读能使人们在有限的生命时光里欣赏到无限的生命美景，使人们生活得更加丰富、智慧、充实、从容。

在今天，阅读被赋予了新的内涵和外延。多元阅读和跨时空阅读已成为当下人们的生活常态。台式电脑、笔记本电脑、手机、平板阅读器、电视和传统的图书、报刊等并存，各类网站、微信、微博、博客等新型阅读平台不断推陈出新，阅读材料空前丰富，为无缝阅读提供了可能。而这种无缝阅读，我们称之为"泛在阅读"。

学校，作为青少年教育的主阵地，怎样引导学生学会泛在阅读，养成良好的泛在阅读习惯，已然成为教育工作者们必须思考和实践的问题。重庆市渝中区教师进修学院"泛在阅读课题小组"正是在这一需求下组建而成，并已在区内选择了部分中小学校作为实验学校进行课题研究。经过四年的实践与研究，本课题组已取得了一定的成绩。为了总结经验，宣传、推广成果，课题组编写了这本小书。

本书分为五章，第一章介绍了泛在阅读的现状；第二章对泛在阅读的概念、特点、模式等做了探索；第三章对中小学学生泛在阅读能力的培养路径，进行了探讨；第四章对泛在阅读的四种典型形式做了介绍；第五章收录了重庆市渝中区实验学校部分老师和同学关于泛在阅读的心得体会和论文等。书稿内容力求贴近生活，但又注意了对实践的超越，对实践活动的理性解读，以使这本小册子具有一定的可读性。

由于作者的教育视野、学术修养与实践的局限，书中还有许多尚不成熟的地方，敬请读者批评指正！

是为序！

编者

2016 年 12 月于重庆市渝中区

CONTENTS

目录

第一章 泛在阅读的现实

- 阅读与人生
- 现实对阅读的冲击
- 学校泛在阅读的现状调查

第一节 阅读与人生

阅读是什么？不同的人从不同的角度进行解读，便会得出不同的结论。但在我们看来，阅读是一种生活方式，它在一定程度上改变着你我的人生。虽然它不能改变人生的起点，但它可以改变人生的终点；虽然它不能改变人生的长度，但它却可以改变人生的宽度。笔者曾遇到一位充满生活智慧的美容师，他这样比喻阅读对人生的重要意义："'美容化妆'，有三重境界，第一重境界是通过色彩来描绘你的口唇、眉眼，突显五官的轮廓，以彰显人的外在美；第二重境界是通过饮食和运动来调理你的身体，以彰显人的形体美；第三重境界是通过阅读，增进人的内在修养，提升自我的精神境界，以彰显人的气质美。"对个体而言，在不同的人生阶段，每一种境界都有其独特的魅力与韵味。但不可否认的是，第三重境界才是美的至高境界。充满书卷气的人，一抬手，一投足，一扬眉，那不是一个"美"字可以了得的！阅读，不仅能增进阅读者的知识，细腻阅读者的情感，还能改变阅读者的气质，升华阅读者的神韵，释放阅读者的无穷魅力，甚至能改变阅读者的容颜。从这个意义上讲，无论是哪种类型的阅读，对人生的价值都是毋庸置疑的。

自有文明以来，阅读便成了人类自我修养的最佳方式。从甲骨文时代到竹简时代，再从绢帛时代到今天的纸媒、因特网并存的时代，阅读总是与我们一路同行。

其实，人们都十分清楚阅读对人生的分量，如"开卷有益""图书包含整个生活""阅读塑造心灵"等格言警句无一不是在宣示它的价值与意义。

余秋雨先生说："阅读的最大理由就是想摆脱平庸。"谁都不想平庸，可总是有人在毫无察觉的情况下陷入了庸庸之众的行列，这是因为他们没有充实厚重的内心世界，盲目从众，昏昏度日，人生的目标仅设定于完成物质的丰厚和对丰厚物质的体验。如若他们能感受阅读，其人生就会大不相同，因为阅读会启发他们对生活进行思考，对生命进行思考，进而让其自身在阅读中一次次进步、一点点成长，让其灵魂得到升华。

肖复兴先生的经历便是一个典型的例子。在他的青年时代，社会动荡，偶像坍塌，一贯的信仰失衡，他完全处于一种茫然而无所适从的状态。然而，这个时候阅读拯救了他，让他看到了人生还有光，还有前进的方向——"太阳还在明朗朗地照耀着，只不过太阳和风雨雷电同在。"所以在那些艰难的日子里，他还是坚持了下来，最终获得了人生的奖赏。[1]

在人类的历史长河中，这样的例子其实举不胜举。阅读，真真切切地改变着人类的命运。

阅读除了人生方向的引导之外，还有温暖人生的一面，这也是人们对阅读爱不释手的重要原因。我们都曾有过这样的体验：某一天，你突然觉得内心很"冷"，顿时，整个世界也变得很冷、很冷，然而，当你手捧一卷你所心仪的书，或你所心仪的一本杂志，静静地阅读，字里行间渗出的温度就会让你觉得整个世界都有了一丝暖意，而那一丝暖意便缓缓地流过你的全身，再进一步，那沉静而有力量的思想与包裹着冲击人心的情感会流进你的每一根毛细血管，这时，一种不可言状的快意与幸福会拥抱着你，让你的世界明媚、温暖。这就是阅读的力量！

金庸先生这样说道："书本不但可以（让你）得到知识，也是（你）一生最好的朋友。"好书如良人，阅读即是与良人为友。试想，跋涉中的你我备感孤独时若有一位良友一直陪伴左右，情况会怎样呢？其实，我们真的可以忍受贫穷，忍受灾难，却无法忍受那份孤单和寂寞。所以，在不同人生际遇里，有阅读相伴，我们便不再孤单，不再寂寞。

读书，是在读人生，读古人的人生，读自己的人生，读读者的人生。读书，如同赏花，每一枝花都有自己的美艳惊人之处，就像每一本书，都有自己的精彩微妙之处一样。孤独、寂寞时，我们读书；失意、困惑时，我们读书；成功、喜悦时，我们也要读书。从一定意义上讲，书籍是我们不可或缺的精

---

[1] 李乐明. 时光摆渡 [M]. 北京：中国电影出版社，2014.

神伴侣。读到悲伤之处，我们为之流泪；读到高兴之处，我们为之兴奋。当我们读懂那满页满页的文字时，我们看到的是人世的沧桑、历史的变迁，还有那祖祖辈辈川流不息的身影。

正如朱永新先生所言："一个人的精神发源史就是他的阅读史，一个民族的精神境界取决于这个民族的阅读水平。"

对学生而言，阅读是他们学习生活的重要组成部分，建构着他们的精神世界，引导着他们蹒跚前行。阅读可以开阔学生的视野，增长学生的知识，培养学生良好的自学能力和阅读能力，提高学生的认读水平和作文能力，对于他们其他各科目的学习都有极大帮助。

阅读对道德水平和思想意识也有重大影响。阅读时，人们会潜意识地将自己的思想和行为与书中所描述的人物的思想和行为进行比较，在无形中便提高了自身的道德水平和思想意识。

读书，充实了学生生活，拓宽了学生视野，让他们能从书中了解如何全面地看待历史，如何客观地认识自我。从书中吸收的丰富营养，积累的大量写作材料，会使他们受益匪浅。因为富有思想与文采的书籍，是敏感的心灵在喜、怒、哀、乐中碰撞出来的火花，是深思的头脑对社会、对人生反复思索的结晶！"美国一位教授曾经说过，一个人终其一生是否留下遗憾，要问自己三个问题：一是身后留下点儿什么没有；二是是否向自己的人生极限挑战了；三是是否具有向权威挑战的精神。若要回答自己这三个问题，也只有靠书本、知识、阅读予以解决。从阅读中见出疑问，便能向权威挑战；向权威挑战的过程，也是逼近自己人生极限的过程；在不断的挑战与超越中，身后自然会留下一串深深的脚印……于是，我们只有一次的短暂人生，也因此而变得美丽而永恒。"[1]

有人曾说："对个人来说，没有阅读，就没有心灵的成长，精神的发育。""一个没有阅读的学校永远不可能有真正的教育。"作为教师，要与学生过一种幸福完整的教育生活，可以建立"书香校园"；作为家长，要走

---

[1] 曾纪鑫.阅读是一种修炼[J].课外语文（初中），2012（5）.

进孩子的心灵世界，可以构建"书香家庭"。当带着"书香"的学生走向社会时，他们会成就自我，也会浸润他人。

2015年3月15日上午，在第十二届全国人大三次会议闭幕后，国务院总理李克强在人民大会堂三楼金色大厅会见采访十二届全国人大三次会议的中外记者，其中谈到"全民阅读"这个问题时指出："人们不仅在追求物质财富的增加，而且希望有更丰富的精神生活。书籍和阅读可以说是人类文明传承的主要载体。就我个人的经历来说，用闲暇时间来阅读是一种享受，也是拥有财富，可以说终身受益。我希望全民阅读能够形成一种氛围，无处不在。我们国家全民的阅读量能够逐年增加，这也是我们社会进步、文明程度提高的一个十分重要的标志。而且把阅读作为一种生活方式，把它与工作方式相结合，不仅会增加发展的创新力量，而且会增强社会的道德力量。"[1]

李克强总理的"全民阅读"主张与"无处不在的泛在阅读"理论不谋而合。

第二节 现实对阅读的冲击

随着物质的极大充裕，人们对金钱的崇拜，对权力的崇拜，使以往熟悉的传统阅读的处境变得恓恓惶惶。应当抚平躁动，让一切回归静好，因此，阅读又进入了人们的视线。而随着网络时代的到来，网络媒体日益发达、其内容日益丰富，传统的纸质媒体已经不再是阅读的唯一载体，阅读被时代赋予了全新的内涵和外延，阅读也面临新的冲击。

众所周知，今天的阅读已经不再局限于狭义的识字、读书了。当几乎所有的人都能识字，所有的人都能接触林林总总的阅读材料时，人们发现，阅读早已浸润于人类世界的方方面面，流淌于人们的生活、工作与学习之中，它已悄然成为每一个人的生活状态，然而，这还是我们所熟悉的那个阅读吗？现实的纷繁复杂已极大地影响着如今的"阅读"。

---

[1] 在十二届全国人大三次会议记者会上李克强总理答中外记者问.新华网，2015.3.15.

一、现实对阅读的正面影响

现实为阅读提供了更多、更丰富的材料、呈现方式和内容。在阅读材料上，单一的纸质材料转变为纸质阅读材料、电子阅读材料、微视频等多样化、立体的阅读材料包。在阅读内容的呈现方式上已表现为包括文字、图表、绘画、数据、视频等内容的一种混合形态。在阅读内容上，有国家层面的政治、经济、文化、军事等内容，也有街谈巷议、绯闻八卦，还有正能量的精神传递。在阅读内容得到前所未有的拓展延伸时，对阅读者的鉴赏、批判能力也提出了严峻的挑战。

现实为阅读提供了更多的时间与空间。今天的阅读已不局限于正襟危坐地苦读，它已经随时随地带有享乐意味地出现在人们生活的时空之中。有人戏言，在马桶上都有一个图书馆。因为信息载体的巨大变革带来了阅读前所未有的变化。当阅读方式由传统单一的平面阅读转变为平面阅读与立体阅读的结合，多元阅读和跨时空阅读成为当下人们生活的常态时，在有网络的地方，人们拥有电子阅读器的前提下，阅读便可以突破时间与空间的限制。

现实让阅读的交互更加频繁。互联网与传统纸质图书交互，为读者带来生动、立体的全新阅读和学习体验，实现了"跃读"，即各种阅读介质配合使用，构成流畅的线上、线下阅读链条，形成完整的、优化的泛在阅读体验。社交化阅读零距离的互动与阅读心得的分享，摆脱了传统阅读封闭式的、枯燥无味的苦读，把阅读变成了一件更加充满趣味及挑战的事情。从"灯火纸窗修竹里"到"读书声到指尖上"，是一种怎样的变化呢？在虚拟世界与真实世界之间穿越，阅读者享受着难以言表的快感。而虚拟世界的泛真实性，让那些在真实世界中惶恐不安的族类寻找到了灵魂的安居之所。

信息载体的空前发展，带来了阅读的深刻变化，极大地影响了人们的日常生活方式、思维方式和语言表达方式。

二、现实对阅读的其他影响

公民素质现状影响阅读质量。许嘉璐先生指出："我们是从文盲充斥的状态经过几十年的努力迅速走向了教育的普及，但总体上文化与教育是落后的。经过党和政府以及各级干部群众的努力，现在我国人均受教育年限已经达到9.6～9.7年。换句话说，中国这个东方巨人，作为整体，文化水平只有初中毕业。而摆在我们面前的是要建设成一个现代化的文明、富强、民主的社会主义国家。初中毕业的水平能做到吗？现在整个社会教育普及的程度、国民的素质和我们的奋斗目标差距太大。虽然我们也有院士、教授、博士、'海归'，但是建设这么一个大的国家，只靠几百万人、几千万人是不够的，需要13亿高素质的人共同努力。"[1]只有公民素质得到整体提高，公民自觉的阅读才会成为可能，有质量的阅读才会成为可能。

"万花筒般的世界"影响阅读品味。社会发展到今天，现实变得更加多姿多彩、魅力无限，但人们受到外界干扰、影响的因素也越来越多。改革开放后，世界上发达国家的先进思想、理念、科学技术涌进国门，推进了我国社会的发展和进步，但是，那些落后、腐朽、肮脏、与我们社会时代精神格格不入的精神糟粕也蜂拥而入。我们设想一下，一个只有初级水平的人，能够科学地辨别什么是好，什么是坏吗？选择成了阅读的一个前提。但魅惑不清的世界，让阅读者难以下手。

经济发展的状况影响阅读的深度和广度。目前，中国仍处在经济建设和社会发展阶段，一方面是物欲横流，另一方面是高度压缩的快餐文化，浮躁、浮夸、浮肿，成为抹不去的现代病。一些轻佻、肤浅、庸俗、反科学的读物腐蚀着人们的思想。经济社会发展的阵痛让阅读也受到影响。

阅读，本来是属于社会个体的活动，一般来说，对社会个体而言，读书还是不读书，读多还是读少，读什么与不读什么乃至怎么读，都是个体选择精神生活内容与生活方式的自由与权利。可是，如果从社会整体发展进行考量，社会个体的阅读状况关系到了国家整体的精神生活、发展品质。例如：社会个体阅读率连续数年的下降，则会使一个社会的整体精神变得贫瘠，甚至影响社会的安定与发展。那么，阅读不仅是社会个体的私事，它还是一个

[1] 许嘉璐.阅读对当今中国具有紧迫的现实意义[J].中国出版，2007（5）.

关系社会发展的"公事"。虽然阅读这一"公事"不如国土安全、社会经济、卫生健康、住房教育等其他社会大事在当下那么急迫，但从长远来看，它却为国家安全、社会经济发展等一系列大事埋下伏笔，是一个影响民族长远发展的大事。毋庸置疑，社会的整体阅读状态将会在很大程度上影响时代、民族的现实的精神状态和长远的精神走向。为此，我们没有任何理由掉以轻心。

第三节 学校泛在阅读的现状调查

阅读是培养学生理解语言、运用语言能力的重要途径和手段，是学生获取知识的主要路径。中小学阶段是对学生进行泛在阅读习惯培养的最好时机，那么中小学生应如何对待泛在阅读？老师又该如何指导泛在阅读的开展？家长在学生阅读能力提升这一维度上又该发挥怎样的作用？带着这些问题，我们对重庆市渝中区的 10 所小学的部分学生、教师和家长进行了有针对性的调查，期望从中能窥见区域范围内小学生的泛在阅读现状并寻求对以上问题的有效处理办法。（此处，对中学生的现状调查不做介绍。）

此次调查采取的是问卷调查法和访谈法。问卷调查法调研人员在 10 所小学的每个年级（部分学校只抽取了 1~2 个年级）抽取 4 个班（不足 4 个班的，则按实际情况抽样），任选两个班，每班随机抽取 10 名学生作为学生组样本；再在另两个班级（不足两个班的，按实际情况抽取），每班随机抽取 10 名学生家长作为家长组样本；每校选取 1 名校级领导、2 名中层干部、2 名年级组组长、5 名一线教师，共 10 人作为教师组样本。同时，每校还随机抽取了 5 名一线教师进行访谈，共计 50 人。

本次共调查学生 600 人，发放问卷 600 份，回收有效问卷 508 份，有效回收率约 84.7%；家长 600 人，发放问卷 600 份，回收有效问卷 434 份，有效回收率约 72.3%；教师 100 人，发放问卷 100 份，回收有效问卷 99 份，有效回收率 99.0%；预计访谈 50 名一线教师，实际回收 40 份访谈记录。各组问卷和访谈有效回收率均超过 80.0%，调查结果具有参考价值。综合调查学生、家长和教师的情况，现从五个方面呈现目前泛在阅读的现状。

一、 学生泛在阅读兴趣浓厚与教师、家长指导乏力对比强烈

第一，学生对泛在阅读均有较高的兴趣。学生组的调查显示：学生的泛在阅读兴趣高，有99.2%的学生表示喜欢读课外书，只有0.8%的学生表示不喜欢，具体比例详见图1-1。

在对学生泛在阅读动机的调查中，我们发现，有83.0%的学生读课外书是为了积累知识，其次是完成老师或家长布置的任务；50.0%以上的学生进行泛在阅读是因为自己的兴趣驱动，同时也带有一定的目的性；有2.7%的学生认为自己读课外书没有什么特定的目的。

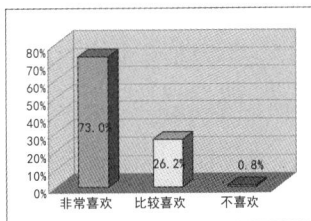

图1-1 小学生泛在阅读喜好的调查结果示意图

第二，虽然家长对泛在阅读起到了监督作用，但缺乏科学指导。家长组中，98.3%的家长支持孩子阅读课外书，并认为泛在阅读对孩子有好处；家长参与学生泛在阅读的程度不尽相同，以参与方式为例，见图1-2。

由图1-2可知，80.8%的家长会与孩子交流阅读体会，62.2%的家长会经常监督孩子进行泛在阅读，23.3%的家长经常与孩子共同阅读，只有11.2%的家长会经常指导孩子在阅读后写读书笔记。从这个数据可以看出，家长对孩子泛在阅读的指导方式主要是一种在监督中参与的形式，缺乏深度的交流和有效的指导。

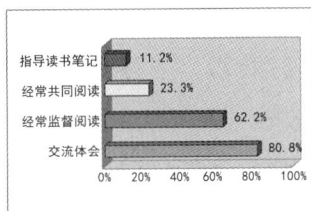

图1-2 家长介入学生泛在阅读的方式的调查结果示意图

第三，教师对泛在阅读指导督促不力。在被调查的教师组中，多数教师表示在教学过程中对学生的泛在阅读有过明确的要求。（69.5%的教师表示经常要求学生进行泛在阅读，26.5%的教师表示偶尔会要求学生进行泛在阅读，只有4.0%的教师表示不对学生进行泛在阅读的要求。）虽然有96.0%的教师认为自己是关注学生的泛在阅读情况并进行了明确的要求的，并且有高达94.0%的教师认为看课外书并不会加重学生的负担。但是，从

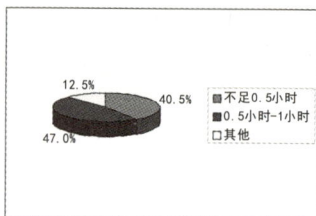

图 1-3 学生每天在家的泛在阅读时间情况图

家长反馈的情况来看，教师的指令并没有得到很好的落实，因为有 87.5% 的学生每天在家的泛在阅读时间不足 1 小时，具体比例详见图 1-3。

此外，有 55.0% 的家长认为学生功课太忙，过重的课业负担使学生疲于应付作业、考试和升学，已腾不出时间来进行泛在阅读。还有 52.0% 的家长认为学校和家庭的读书氛围不浓也是影响孩子读书时间过短的因素之一。

综合以上的调查结果可知，学生自身参与泛在阅读的积极性高、兴趣比较浓，教师和家长对泛在阅读也持支持态度，但教师和家长对泛在阅读的指导是乏力的。

二、泛在阅读读物选择与小学生对课外读物形式的喜好情况

（一）读物选择

首先，学生选择读物具有一定的自主性。调查发现，小学生的课外读物由学生自己选择或与家长一起选择的占 90%，由学校推荐或由家长为其选择的各占到 5% 左右，可见学生在选择课外读物方面的自主性是比较高的。

其次，家长推荐情况。在读物的选择上，70.0% 的家长愿意推荐文学类和科普类的读物给孩子，42.0% 的家长愿意推荐卡通漫画类，同时有 62.0% 的家长迫于升学和考试的压力，为孩子推荐的书目多偏向于诸如《作文大全》《满分作文》等课余辅导类书籍，详见图 1-4。

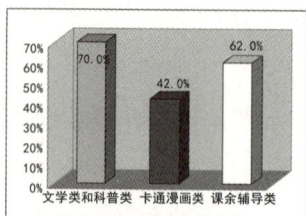

图 1-4 家长推荐课外读物的类别情况图

再次，教师推荐情况。88.5% 的教师表示会给学生推荐课外书，且教师向学生推荐的课外读物基本上是以其任教学科为基础，如语文教师多倾向于推荐文学类书籍，数学教师多倾

向于推荐科普类书籍，美术教师多倾向于推荐绘本，等等。

（按学生对课外读物喜好程度的不同由高到低排列如下：文学类、卡通漫画类、科普类、名著类、笑话类、课余辅导类。）

由此可见，学生在选择读物上有一定的自主性，同时，也会受到家长和教师推荐的一定影响。家长、教师、学生都将文学类的图书作为泛在阅读的首选，说明学生的泛在阅读状况总体来说还是好的，对读物的选择是经过了一定思考的。

（二）小学生对课外读物形式的喜好情况

1.0%的小学生喜欢全是图画的书；喜欢全是文字的书籍的小学生占到13.0%左右；81.0%的小学生喜欢图文并茂的读物。如图1-5所示。

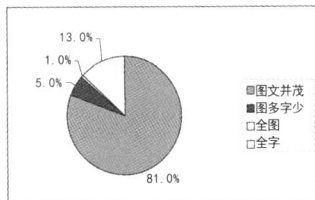

图1-5 小学生对课外读物形式的喜好情况图

三、学生进行泛在阅读的条件差异较大

学生泛在阅读的条件主要是指读物的来源、拥有读物数量、家庭阅读氛围、教师的指导及阅读课的开设等。

第一，从课外读物的来源来看。86.0%的学生是自家购买或订阅课外读物，会在图书馆借书的学生占到38.0%，24.0%的学生会在同学之间借阅，也有14.0%的学生喜欢现代的网络阅读。

第二，从拥有课外阅读数量上看。24.0%的学生拥有的课外读物在10本以下，48.0%的学生拥有10～40本课外读物，15.0%的学生拥有40～100本课外读物，13.0%的学生拥有的读物在100本以上。如图1-6所示。

第三，在家庭阅读氛围的营造方面。51.0%的家长在家有阅读的习惯，能给学生以良好的示范作用，45.1%的家长会经常带孩子去书店，感受书香浸润的文化氛围。

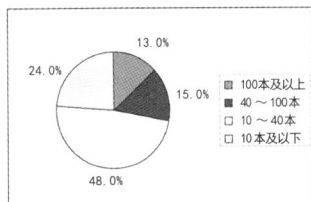

图1-6 小学生拥有课外读物的数量情况图

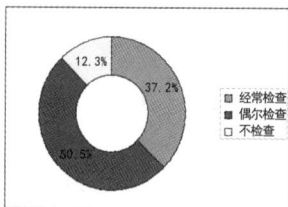
图 1-7 教师对学生泛在阅读的检查频率情况图

第四，从教师对学生泛在阅读的指导来看。多数教师会对自己给学生布置的泛在阅读任务的完成情况进行检查，其中37.2%的教师表示会经常进行检查，50.5%的教师表示会偶尔进行检查，另外还有12.3%的教师表示没有时间对学生的泛在阅读结果进行检查。如图1-7所示。

在对学生每天阅读时间的调查中，我们发现学生的泛在阅读效果与教师指导频率的高低相关，教师的指导是影响学生泛在阅读效果的重要因素之一，这从教师检查泛在阅读的成效中便可知晓。

教师对学生的泛在阅读状况进行检查的方式是多种多样、各有侧重的。31.8%的教师表示主要选择以查看读书心得的方式进行检查，15.7%的教师主要选择以查看阅读卡片制作的方式进行检查，也有部分教师表示主要选择以查看摘抄文字、组织交流会等方式进行检查。

第五，在是否赞同学校每周开设一节专门的阅读课这一问题上，约77.4%的教师持非常赞同的态度，同时有约6.9%的教师认为学校课时太重，不赞同开设专门的阅读课，另外还有约15.7%的教师则表示听从学校安排。

以上结果表明，大多数家长从态度和行动上都支持孩子的泛在阅读，并给孩子营造了良好的家庭阅读氛围，有利于促进孩子进行泛在阅读；教师提供的指导和检查也为学生泛在阅读的延续提供了一定的保障。

四、从读书计划、阅读态度、阅读方式、读书笔记写作、阅读困难的解决和阅读效果看泛在阅读

本次对泛在阅读方式方法的调查从读书计划、阅读态度、阅读方式、读书笔记、阅读困难的解决、阅读效果等方面进行。

（一）读书计划

读书计划对督促学生坚持泛在阅读和量化泛在阅读情况都有一定的作用。据调查显示，63.0%的学生制订过泛在阅读计划，如多长时间读完一

本书，或在多少时间内读多少本书，读哪些书，等等。

（二）阅读态度

从阅读态度来看，63.0%的学生通常能够坚持将一本书完整地读完，12.0%的学生只选择自己感兴趣的部分进行阅读，25.0%的学生则前面两种情况兼而有之。

（三）阅读方式

关于阅读的方式，50.0%的学生主要采取的是精读，34.0%的学生通常采取的是精读、略读相结合，还有16.0%的学生以略读为主。如图1-8所示。

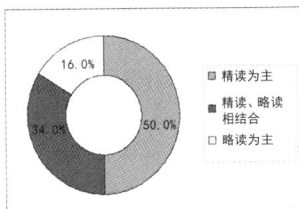

由右图可知，学生泛在阅读的方式多样，但能够精读的学生占一半，这与其喜好、图书质量等因素相关。

图 1-8　学生泛在阅读方式的情况调查图

对于同一本课外读物，67.0%的学生会看两遍及以上，19.0%的学生会看5遍以上，存在如此高频率的重复阅读，具体情况可能要视课外书的内容和长短、课余时间的多少、老师和家长的要求等因素而定。同时，它也提醒了我们是不是提供给学生感兴趣的读物数量过少。

（四）写读书笔记

如今，90.0%的学生表示在阅读后会摘抄、剪贴自己喜欢的或觉得重要的内容，写读书笔记或与他人进行交流，等等。这说明教师和家长在对学生泛在阅读的指导方面有意识地进行了正确的方法指导。

（五）阅读困难的解决

如今，在阅读中遇到不明白的问题时，97.0%的学生会询问他人或自行查询相关资料以寻求解决的办法，这体现了学生已具有较好的主动解决问题的意识。

（六）阅读效果

从阅读的效果来看，有 96.0% 的学生认为泛在阅读能够对自己的学习起到帮助和促进的作用，其中 42.0% 的学生表示其阅读课外书的最大收获是提高了自身的阅读和写作能力，但这个效果并不都是立竿见影的。

五、泛在阅读存在的问题

通过本次调查，我们主要发现了泛在阅读存在以下四个问题。

（一）现代信息的过度干扰

我们生活在一个信息极度丰富的时代，积极的一面是信息量大，便于人们快速掌握各类情况；消极的一面则是由于信息量过大，造成人们对信息无力筛选，以致无法捕获有效信息。

（二）出版物良莠不齐

不可否认，在利益的驱动下，部分不法商贩和出版单位，通过制售盗版书、低俗的口袋书、宣扬暴力与色情的不良读物来牟取暴利，这对缺乏甄别能力的儿童来讲，不啻是一支毒剂。如何引导学生正确地选择读物，战胜诱惑，是个人、家庭、学校、社会都应该深思，并积极应对的。

（三）学生阅读书目的娱乐化趋向严重

在调查学生的阅读书目后，我们发现，学生阅读的书籍多属卡通漫画类、笑话类，很少涉及艺术、数学、历史等领域，娱乐化倾向严重，这对学生知识构成、视野拓展、情感发展都不利。如何引导学生的品质化阅读，需要众人的智慧。

（四）泛在阅读缺乏有效指导

学生阅读主要关注人物和故事情节，多数流于浮光掠影、囫囵吞枣，不善于进行语言揣摩，不善于进行思维的锻炼，对速读、浏览、精读、扫读、跳读等阅读方法也掌握不够，缺乏将所读作品的内容、思想、方法、技巧以及词汇等向课内迁移的能力，以至于一方面在大量阅读，另一方面却不知道怎样合理利用这些课外收获帮助其成长。因此，对于学校而言，进行正确阅读的策略教学与指导是当务之急。

上述调查结果，有鼓舞人心的一面，但更多的却让人忧虑，因此，如何基于泛在阅读的现实情况，积极组织、开展泛在阅读，提高泛在阅读的实效性，是广大中小学教育工作者面临的重大现实课题。

第二章 走进泛在阅读

- 泛在阅读释义
- 泛在阅读的意义解读
- 泛在阅读的特点与模式

第一节 泛在阅读释义

一、"泛在阅读"概念的解读

泛在阅读是由"泛在"与"阅读"组合而成的一个概念。从科学性角度看，它是一个规范性名词，其自身具有一定的内在规定性。要理解这个概念，需要从"泛在"与"阅读"各自的词义及其相关联系中去建立新的意义关联。

"Ubiquitous"（泛在）一词源于拉丁文"Ubique"（到处，处处），《简明牛津英语词典》（网络版）解释其为"处处呈现、出现或被发现"的意思，由美国施乐公司马克·威瑟博士于1988年首次提出。"阅读"，一般可解释为"看（书报等）并领会其内容"。将两者联系起来理解，泛在阅读就是指"利用现代信息环境，用户自主随机阅读和学习的方式。即人们可以随时、随地利用身边的工具自主地获取所需的内容和信息，并自由地与其他人分享、共享阅读学习"[1]。从文献资料来看，泛在阅读是在泛在学习概念基础之上提出来的，与泛在学习有着千丝万缕的联系。泛在学习(U-Learning)，顾名思义就是指随时地沟通，无处不在的学习，是一种任何人可以在任何地方、任何时刻都能获取所需信息的方式，是利用信息技术提供给学习者一个可以在任何地方、随时、使用手边可以取得的科技工具来进行学习活动的"4A"(Anyone, Anywhere, Anytime, Any device)学习。

泛在的信息技术为泛在阅读的实现创造了可能性，因为它消除了时间、地点、权限的制约，给阅读者提供了更加广阔的阅读环境和更大的阅读可能。但是，泛在阅读不等同于泛在学习。泛在学习是计算机和网络应用的产物，而泛在阅读既具有泛在学习中的阅读，又超越了泛在学习的形式，它具有更大的广泛性，因为泛在阅读既有传统的纸质阅读，又包括了非纸质的一切阅

---

[1] 莫启仪. 从国外阅读社交网站看泛在阅读[J]. 新世纪图书馆，2015 (5).

读形式。

泛在阅读，具有狭义与广义之分。从狭义上讲，"泛在阅读"是指在以泛在计算技术为核心的信息技术支持下的阅读；从广义上讲，泛在阅读是不受空间和时间限制的阅读，阅读的内容具有广泛性，阅读的形式具有多元性。

笔者将泛在阅读定义为泛在计算技术支持下，不受时空限制，内容广泛，传统与现代相结合的阅读，对此可以从以下三个方面来理解。

第一，泛在计算条件下的泛在阅读。网络技术将高速互联网、高性能计算机、大型数据库、传感器、远程设备等融为一体，所有物品和设备，只要对它们有管理的需要都可将它们连到网上，构成一个无处不在的泛在网，[1] 基于"泛在网"和网上资源，阅读者就可以在任何地方、任何时间进行非纸质阅读。

第二，"人人、时时、处处"的泛在阅读。这是从个人与时空角度分析的非纸质泛在阅读。信息的易获取性、即时性与交互性特点使个人进入阅读的门槛降低，从而实现了广泛意义上的信息大面积共享。同时，信息的共享打破了时空限制，使阅读者能够随时随地获取其想要阅读的任何资源。当然，部分资源作为有偿资源，需要阅读者进行消费后才能获取。在此层面上，阅读者可获取的内容已极其丰富了。

第三，开放式的泛在阅读。这是从传统与现代相结合的角度分析的泛在阅读。纸质与非纸质、传统与现代的阅读形式共同存在于阅读者的时空之中，从而让阅读者在开放的领域自由选择合适此在自我的阅读形式，虽然也会受到外在和内部因素的影响，但就整体而言，泛在阅读形式已进入开放世界。

本书主张广义的泛在阅读。正是在这个认识的基础之上，从学校教育出发，笔者建议广泛开展泛在阅读。

---

1 杨孝堂.泛在学习：理论.模式与资源[J].中国远程教育，2011（6）.

二、泛在阅读的理论基础

到目前为止，对泛在阅读的理论基础的研究甚少，而对于泛在学习的理论基础的研究较多，且已取得了一些成果。如余胜泉指出情境认知是"1：1数字学习"和智能学习空间中泛在学习的核心理论基础之一，其突出特点是要将个体认知置于更大的物理和社会情境以及文化建构的工具和意义中，而泛在学习也充分体现了分布式情境认知范式的基本特点。韦娟、李新房在前者研究的基础上把行为主义学习理论、认知主义学习理论和后现代主义学习理论归结为泛在学习的理论基础。张洁等根据建构主义重视情境性和个体建构，认为泛在学习环境可以为学生提供融入真实情境的学习机会，学习者沉浸其中，以各种感知方式来构建知识，把建构主义看作泛在学习的理论基础。[1]

基于潘基鑫等学者的观点，根据泛在阅读自身的特点和属性及泛在阅读与泛在学习的内在关联，笔者认为泛在阅读的理论基础可以直接脱胎于潘基鑫等学者在《泛在学习理论研究综述》一文中提出的行为主义学习理论、认知主义学习理论、建构主义学习理论、后现代主义学习理论和情境认知学习理论。以下就是在以上五大理论基础上衍生出来的泛在阅读的理论基础。

（一）行为主义阅读理论

行为主义把个体阅读行为看成是适应外部环境的"刺激—反应(S-R)"的过程，只要控制阅读的刺激源就能控制阅读行为和预测阅读行为，从而也就能控制和预测阅读效果。泛在阅读采用了一种信息从阅读辅导设备到阅读者的传输模型。它可以利用普适计算设备提出一个问题（刺激），再由阅读者提出解决方案（反应），并由系统反馈强化这一过程。因此，行为主义阅读理论可以视为泛在阅读的理论基础。

（二）认知主义阅读理论

认知主义强调学生在阅读过程中不是被动地接收外界刺激，而是主动

---

[1] 潘基鑫，雷要曾，程璐璐，石华．泛在学习理论研究综述 [J]．远程教育杂志，2010 (4)．

地对外界刺激有选择性地进行信息加工的主体，强调阅读全体的作用。认知主义阅读理论在泛在阅读设计中注重阅读内在，即阅读内容和阅读者特征分析，同时也注重阅读外在，即阅读环境和阅读策略设计，并把重点放在组织策略上。认知主义阅读理论在泛在阅读中的集中体现，即强调个别化阅读，强调阅读对象进行的小规模阅读。从这一角度看，认知主义阅读理论也可作为泛在阅读的理论基础。

（三）建构主义阅读理论

建构主义阅读理论认为知识不是通过教师传授得到，而是阅读者基于已有的认知结构，主动加工在阅读中获取的新信息，将新旧信息重新排序、结合而建构形成的。泛在设备的计算与信息管理功能，可以作为阅读者建构的工具来支持、指引和扩充阅读者的认知结构或思维模式，以促进知识建构与问题解决。因此，泛在阅读是建构主义阅读理论应用的最佳场所，因为它能够很好地满足学生自我导向的阅读环境的建构，对泛在阅读的发展有着重要的指导意义。

（四）后现代主义阅读理论

"我们要做的不是寻求一条最好的途径，而是寻求不同的途径以到达不同的目标"[1]，这种后现代主义理论观点相较于其他观点而言更具有开放性和包容性，加之它植根于各种文化背景，从而更能使不同文化背景下的每一个阅读者能以不同方式、最大程度地享受阅读。后现代主义关于世界、技术、知识等的思想也对泛在阅读起到了一种潜移默化的影响。泛在阅读赖以实现的"隐匿性技术环境"与后现代主义批判技术至上的思想，与主张以冷静的方式全方位审视技术的功能的观点殊途同归。从这种意义上讲，后现代主义是泛在阅读发展的认识论与方法论的基础，后现代主义的知识观、技术观、教育观等通过泛在阅读都能达到恰如其分的实现。

---

[1] 祝智庭等.现代教育技术——走进信息化教育（修订版）[M].北京：高等教育出版社，2005.

（五）情境认知阅读理论

情境认知阅读理论认为，阅读的本质是个体与他人、环境交互式的参与实践，它构成了群体之间的合作与互动的过程。知识和概念都只有通过社会化的运用才能得到充分的理解，个体参与实践活动与环境相互作用是阅读得以发生的根本机制。它关注物理的和社会的场景与个体活动的交互作用，认为阅读不可能脱离具体的情境而产生，且情境不同，阅读者受到具体的情境影响也会不同。泛在阅读为情境认知提供了技术支持，而情境认知阅读理论则为泛在阅读提供了理论支持。

第二节 泛在阅读的意义解读

泛在阅读随着时代的步伐已经迈入人们的生活世界，成为人们生活的重要组成部分，进而影响着人们的生活。我们不禁要问：泛在阅读的意义何在？对广大中小学生而言，它的教育学意义又在哪里？

一、泛在阅读的普遍意义

（一）启迪人生智慧

对于曲折坎坷、起伏跌宕的人生而言，阅读不失为最好的"安抚剂"。面对不幸，我们曾经苦闷、彷徨、悲伤、绝望，甚至低下了我们曾经高昂的头颅。但是，我们却可以借助书籍获得希望与勇气，并将这种希望与勇气注入我们已干涸的心田，让黑暗的天空再度闪现耀眼的光芒，照亮我们的未来。读罗曼·罗兰的《名人传》，从伟人的经历中汲取生存的力量和战斗的勇气，让我明白：唯有真实的苦难，才能驱除罗曼蒂克式幻想的苦难；唯有战胜苦难，才能帮助我们承受命运的磨难，并在磨难中锤炼出更坚韧的品格。读海伦·凯勒，感受那些直面惨淡人生的勇者、智者的自强不息和从容豁达，从而引导我们在人生的道路上越走越勇，并学着主宰自己的命运，做自己命运的主人。读经典名著《巴黎圣母院》，我们看到了外表如此丑陋的卡西莫多却拥有那么善良美丽的心灵，那么淳朴真诚的品质，那么平静从容的气质和不卑不亢的风度，感受那丑陋的外表也掩盖不住的耀眼的人性光芒。这份光芒，在时间的洗礼下，愈发引导我们去追求更加纯粹的人生。读陶渊明的《饮酒》，体会"结庐在人境，而无车马喧"的那份宁静，感悟作者对人生的洞察，对世俗的清高，对权贵的蔑视，对清贫的淡定与坚韧。读王蒙的《宽容的哲学》、林语堂的《生活的艺术》以及警醒世人的名言警句，都能唤醒我们去拥抱诚实、舍弃虚伪，拥有踏实、舍弃浮躁。在人类高尚精神的统领下，在无数平凡与不平凡的人物的鼓舞下，我们不断地磨炼自己的意志，将曾经浮躁的心灵渐渐抚平，便能获得人生的智慧。

（二）挣脱心灵枷锁

如今，我们每天与众多任务同行，注意力被分散到许多不同的地方，分割成许多不同的小板块。比如在短短的几分钟之内，大多数人都会把他们的时间和精力分配在做工作，查看邮件，通过视频、网络电话和一个或多个人聊天，留意微博，查看他们的智能手机，和朋友互动……这种类似"加法"的工作、生活方式严重地挤压着我们的"空间"，降低着我们的生产率和生活品质。我们已经被这个社会的琐碎所绑架，心灵也随之套上了枷锁。然而，当我们静下心来读一本书、一个小故事、一首小诗、一则社会新闻的时候，我们的注意力被阅读对象所召回，浮躁的世界瞬间消失了，被挤压得变形的"空间"也恢复正常，心灵便挣脱了枷锁并得以放飞。

（三）丰富人生阅历

当今时代是一个信息极度丰富的时代，全世界每天所生产的新的知识成几何级数递增。但是，人们在繁重的工作压力下，却很难有成片的时间去进行系统学习，去充实、提高自己。而泛在阅读能改变这一现象，带给我们许多新的信息、新的知识，有效地提升自我。虽然它呈现出碎片化阅读的特点，但它也会让我们的知识越来越丰富，从而有信心面对未来的各种挑战。

二、泛在阅读的教育意义

（一）泛在阅读有利于愉悦学生的身心

阅读是一种精神的洗礼，是与先贤圣哲高贵精神的交汇。因为课堂学习与课内阅读受到时间和空间的限制，所以为了拓展学生的知识面以适应当今社会的要求，就需要他们进行泛在阅读。此处的泛在阅读更多是从阅读内容的丰富性而言的。面对浩如烟海的世界，学生可以根据自己的兴趣和实际需要进行有选择的阅读，其身心在这一过程中将会受到极大的洗礼，从而获得精神上的愉悦。

（二）泛在阅读有利于提高学生的语文学科素养

泛在阅读是语文教学的课外拓展与延伸，是课外语文活动最重要的内容和形式之一，是在当今世界时代背景下提高学生语文学科素养不可缺少的一环。尽管课内阅读对提高中小学生的语文水平和获取知识经验所起的作用相当明显，但如果没有泛在阅读的辅助，不管课内阅读的效率有多高，都不会收到让学生更自信地面对未来的成效。要训练和培养学生熟练的阅读技巧，形成较强的阅读能力，只有通过有计划的、大量的课外阅读，以及进行多种阅读方式的训练，才能够达成这一目标。泛在阅读可以拓宽学生的视野，丰富学生的知识，使学生拥有更为广阔的知识背景和认知能力。当陌生的阅读内容呈现在他们面前时，他们就会比阅读量不足的学生更自信。泛在阅读使学生把因广泛阅读而积累的大量词汇和写作方法有效地迁移并运用到自己的阅读与写作之中，其语文素养便会得到极大的提高。正如吕叔湘先生说的那样，"少数语文水平较好的学生，你要问他们的经验，异口同声说的是得益于课外看书"[1]，其实这就是泛在阅读对提高语文素养的最直接的表现之一。

（三）泛在阅读有利于提升学生的其他学科素养

泛在阅读不仅有利于学生语文学科素养的提高，同时广泛的涉猎，对学生其他学科素养的提高也产生了正面影响。泛在阅读内容的易获取性和丰

---

[1] 中国社会科学院老专家协会. 我在现场 [M]. 北京：社会科学文献出版社，2009.

富性能够极大地激发学生求知的欲望，加之合理的引导，会让学生的知识面得以拓展，思维得以活跃，从而使其在其他学科的学习中得心应手，进而进一步激发学习兴趣，提升其其他学科素养。

（四）泛在阅读有利于提升学生思想品德

大多数学生心里都藏着一个英雄或树立着一个值得效仿的榜样，而这些人民英雄、先贤圣哲、科学家等大多是在他们的阅读过程中认识的。在阅读时，他们会潜意识地将自己的思想和行为与书中所描述人物的思想、行为进行比较，并积极地将学到的践行于自身的行为实践之中，从而在无形中提高了自身的思想品德。

（五）泛在阅读有利于开发学生的智力

泛在阅读可以开阔学生的知识面。在阅读中，学生的头脑会变得更加聪慧，思维会变得更活跃。当遇到一些新问题时，他们会利用自己学到的知识去处理，解决问题的方式也会更多样化。当学生通过泛在阅读形成"阅读—汲取—融合—运用—阅读—……"的良性循环时，泛在阅读便有效地开发了学生的智力。

（六）泛在阅读有利于塑造学生良好个性

其实塑造学生个性的因素是多方面的，但泛在阅读独特的浸润特质、丰富的知识与信息容量、有效的引领作用使它成为塑造学生良好个性的最佳途径之一。同时，泛在阅读呈现的自我教化、自我践行，使它固化学生良好个性的效果相较其他方法而言更加明显。

（七）泛在阅读有利于促进学生的终身发展

传统教育的时限性、内容的狭窄性已无法满足现代社会对现代人的要求，因此无论从个人层面还是国家层面，我们都有义务为学生终身发展奠基。引导学生进行泛在阅读，让他们感受阅读之美，收获新知识，明白泛在阅读的好处，从而形成良好的阅读习惯，便能使他们拥有终身发展之利器——阅读。

第三节 泛在阅读的特点和模式

一、泛在阅读的特点

泛在阅读作为一种新型的阅读理论与阅读行为，具有鲜明的时代特色。由于信息载体的日益更新，使泛在阅读具有了泛在性、信息的易获取性、"人物—人人"的交互性、情境性和现实需求性等特点。

（一）泛在性

阅读者可以根据自身的需求随时随地地、持续地、连贯地获得各种嵌入式和非嵌入式的无所不在的纸质阅读材料、电子阅读材料、微视频等多样化、立体阅读材料包的阅读支持。

（二）信息的易获取性

在开放、兼容、信息与时空贯通及传统与现代交融的阅读环境中，阅读对象变得立体、生动、易获取，从而使阅读者能更好、更便捷地接受阅读对象，并更好地体悟阅读对象带来的愉悦。

（三）"人物—人人"的交互性

各种阅读介质的配合使用，构成流畅的线上、线下阅读链条，给予了阅读者完整的、优化的泛在阅读体验。阅读材料与阅读者之间实现交互，阅读者之间实现交互，而这种广泛的交互与协作行为，创建了持续的、非正式的、自由多元的新的信息环境，这里充满互动阅读的乐趣，形成了有效阅读与交互阅读的良好氛围，从而鼓动着知识在阅读者的心里流动、再造和扩展，被动阅读变为主动阅读，阅读过程成为学生快乐的精神体验过程，在自主学习的过程中阅读者自身将阅读转化成了"悦读"。

（四）情景性

计算机融入人类的日常生活，带来了人机交互的快感与神奇变化。在计算机世界中，阅读者可以体验仿真的阅读环境和享受流畅的阅读进程所产生的快乐。在泛在阅读情境中，信息不再是简单、单一的，而是呈中心伞状向四周扩散且每一个节点呈网状不规则传播状态。大量的语言材料和实践机会给予了阅读者深度思考和合作交流的可能，以及提问、展示阅读成果的平台。阅读者通过自己的阅读行为主动地发现问题、思考问题、解决问题，从而让其自身主动地正向调整阅读行为。

（五）现实需求性

阅读过程是一种根据阅读者的需求且具有自我导向性的过程，它以阅读者的阅读任务和认知目标为焦点，其目的在于解决阅读者在现实中所遇到的真实的问题和困难，而不仅仅是一种情绪的满足或宣泄的过程。在泛在阅读中，阅读者"提出自己的疑问，讨论疑难问题，理解语言所表达的具体意味，体会蕴含在语言中的情感，逐步形成阅读和表达的能力，在多层次的品读中进一步感悟和内化语言，进而能在相应的生活图景中积极运用所学到的知识，达到'学以致用'的目标"[1]。

二、泛在阅读的模式

从阅读模式上看，泛在阅读包括以下三种模式。

（一）基于课程载体的阅读

基于课程载体的阅读，是指基于阅读资源和教师指导的阅读，如一个专业的课程阅读或者一个证书教育的课程阅读。专业教育机构（教师）进行课程设置、编制教学大纲、编制泛在阅读资源、安排教学活动、进行阅读测评，并不断改进整个过程；阅读者则要选择阅读的课程、明确阅读目标、选择阅读方式、参加阅读活动、参加阅读测评并达到测评成绩。尽管教师和阅读者的教学活动是处于"准分离"状态，但二者密不可分。

（二）基于数字化资源的阅读

基于数字化资源的阅读，是指完全依赖于数字化而进行的阅读。一般的阅读过程是：阅读者依据自我阅读需求，查找合适的数字化阅读资源，利

---

[1] 张南南．泛在阅读环境下的阅读教学研究[J]．长江丛刊·理论研究，2016（7）．

用数字化阅读资源进行阅读；如果资源不能满足自己的需要，阅读者会重新查找更合适的数字化阅读资源；通过阅读，阅读者可能会在进行思考、分析、总结后，撰写一些心得、体会，甚至编写一些新的资源，供给到资源系统中，形成生成性的共享资源。可利用的数字化资源可以是一段文字、一张图片、一段视频、一个课件，也可以是一系列完整的课程资源。此阅读的目标、行为、过程、效果均由阅读者自身决定，不受任何外部因素的制约。

（三）基于核心主题的阅读

基于核心主题的阅读，是指基于阅读资源和教师指导的、介于正式阅读和非正式阅读之间的一种阅读模式。

主题阅读的广义概念是指就社会生活或现象的某一方面内容进行的阅读，如为满足某种职业需要的知识、技能的阅读，某种体育、文艺、健身爱好的阅读等，是一种准正式的阅读。这类主题阅读，一般是由教育或者培训机构依据阅读主题的共性需求，设计主题培训项目，创设泛在阅读环境，编制泛在阅读资源，设计阅读过程，并在阅读过程中提供指导、辅导；阅读者则是要依据自己的需要，查找并选择合适的培训项目，按照教育或者培训机构创设的环境、条件、过程，并利用编制的资源进行阅读、交互；其阅读目标、行为、过程、资源等均会受到教育机构的制约，但是，对阅读者的阅读评价没有严格的、强制性的规范或者规定性要求，因而称之为"准正式"的阅读。

第三章 泛在阅读的能力培养

- 提高泛在阅读的意识与感受力
- 构建泛在阅读"立交桥"
- 探寻泛在阅读的方法、路径与策略
- 培养泛在阅读的良好习惯
- 运用档案袋提升学生泛在阅读的能力

第一节 提高泛在阅读的意识与感受力

一、理念先行

温家宝同志曾经说过："读书决定一个人的修养和境界，关系一个民族的素质和力量，影响一个国家的前途和命运。""一个不读书的人是没有前途的，一个不读书的民族也是没有前途的。"可见，阅读不仅仅关系着每一个人知识、智能和思维的发展，更影响着整个国家国民素质的提升。阅读利国、利民，那么阅读教育就应该从小抓起，阅读意识就应当从小培养。在终身学习、全民阅读的现代社会，培养少儿的阅读意识就变得尤为重要。[1]

"意识是……人脑的外化物……它是物质的反映，又是制约、改造物质的决定性因素。"[2]我们都知道，与动物相比，人的行动具有目的性、计划性和主动性。正如马克思所说："最蹩脚的建筑师从一开始就比最灵巧的蜜蜂高明的地方，是他在用蜂蜡建筑蜂房之前，已经在自己的头脑中把它建成了。"[3]所以说，人的意识具有的目的性和计划性，是引发一个人行动的先导，正是因为有了相应的行动意识，才会出现后来的行动；意识对客观世界的反映并不是对等的，而是主动的、有选择的，只有当人们在实践或精神上有需求时，才会主动地反映它。

不难发现，意识是行动的起点，对于行动具有决定性的作用。在阅读中也是一样，阅读意识对于激发儿童的阅读兴趣，引导其感受阅读价值和魅力具有关键性作用。儿童时期是培养阅读习惯和阅读能力的黄金时期，[4]对

---

[1] 聂晶. 论公共图书馆对少儿阅读意识的培养 [J]. 新世纪图书馆，2013 (1) .

[2] 涂美珍，欧阳龙生. 关于深入认识意识的作用的思考 [J]. 江西科技师范大学学报，2002 (6) .

[3] 马克思，恩格斯. 中共中央马克思、恩格斯、列宁、斯大林著作编译局 译. 马克思恩格斯全集. 第 23 卷 [M]. 北京：人民出版社，1972.

[4] 朱淑华. 战略高度推进儿童阅读 [J]. 图书馆理论与实践，2010 (2) .

于儿童今后的发展意义重大，而在这一时期培养其阅读意识，影响更是深远。那么作为教育人、启迪人的学校教育就有必要在这关键时期增强中小学生的泛在阅读意识。

意大利著名教育家蒙台梭利认为，儿童具有学习敏感期。Bornstein 认为敏感期是指在发展的某些特定时间段，大脑的结构与功能容易受到某种经验的影响（或者缺乏某种经验的影响），从而改变这些结构或者功能（或者相关的结果或功能）在未来的展现。[1]也就是说，在学习敏感期，儿童对某种知识或能力的学习或培养更为容易，更能够事半功倍，而错过这一期，以后再进行该知识或能力的学习或培养时则要付出更多的时间和精力，学习效果也会降低。教育家马卡连柯也曾说过，教育的基础主要是五岁以前奠定的，它占整个教育过程的 90%。研究表明，儿童语言发展的敏感期是在 2 岁左右，书写敏感期出现在 3.5 岁至 4.5 岁之间，阅读敏感期出现在 4.5 岁至 5.5 岁之间。[2]因而，孩子在进入学校后，就应当对其进行阅读意识的培养，为他们以后的学习和生活打下坚实的基础。

理念与实践互相联系、互相促进，缺一不可，任何理念都是在实践的基础上总结出来的，而它最后也必然要运用于实践。渝中区地处重庆市中心区域，为顺应区域政治、经济、文化、教育、信息技术的发展趋势，我们对"泛在阅读理念"进行了广泛传播，现已深入人心，成为提升区域内中小学生阅读意识与阅读兴趣的核心理念。该理念可概括为："无时不在、无处不在、泛存在"的阅读，即阅读已打破时间的限制，变得更为灵活，已能从零星时间、零碎信息中实现整合；阅读场所变得更为广泛，处处是阅读之地。

二、以身示范

以身作则，营造良好的阅读氛围。

俗语云："近朱者赤，近墨者黑。"说的正是环境对一个人的影响。当教师、

---

[1] Bornstein, M.H. *Sensitive Periods in Development: Structural Characteristics and Causal Interpretations*[J]. Psychological Bulletin, 1989(105):179.
[2] 魏中华. 孩子的言行举止这样培养[M]. 北京：北京工业大学出版社，2013.

学生的身边人都热爱阅读时，自然会影响其个体愿意接近书籍、阅读书籍。同时，形式多样的阅读活动的展开也会让学生积极参与阅读实践，从而逐渐培养其阅读意识。除了校园中开展的常规性的阅读活动，如演讲比赛、读书会、阅读分享会等，还可以开展亲子共读活动等，将阅读意识的培养延伸到家庭环境中。因为相关研究表明，亲子共读活动对于培养孩子的认知能力、观察能力、沟通能力和创新能力等有着极其重要的影响。特别是幼儿段和小学低年级的学生，通过开展各种主题的亲子共读活动，既能够培养孩子的阅读意识，教育孩子学会阅读，又能够引导孩子爱上阅读。

三、激发兴趣

"兴趣是最好的老师。"

"激发兴趣"一直以来都是人们所关注的话题，从教育研究者到一线教师，再到家长，都对兴趣的激发投入了极大的热情。著名教育家赫尔巴特认为，激发学习者的兴趣是影响教学过程的重要元素，他说："教育的兴趣仅仅是我们对世界与人的全部兴趣的一种表现，而教学把这种兴趣的一切对象集中于青年的心胸中，即未来成人的心胸中。在这种兴趣中我们不敢想到的希望终于可以得救了。没有这种兴趣，教学无疑是空洞乏味的。任何人都切不要说，他是全心全意在执教！因为这是一种空谈。"[1]可见，兴趣对于教育的价值是巨大的。

为什么说兴趣是可以激发的呢？Renninger，KA.的相关研究表明，虽然兴趣是潜藏于人的内部认知和心理之中的，然而影响兴趣的很多因素却是情境性的，不同的教育目的、教学设计和教育环境既能够激发兴趣，也能够限定兴趣发展的方向，这就说明兴趣并不是先天存在的独立事物，而是受后天教育环境，并且跨所有情境仍然有效的构念。[2]因而，通过采用不同的

---

[1] [德] 赫尔巴特. 李其龙，郭官义等译. 赫尔巴特文集·3（教学卷一）[M]. 杭州：浙江教育出版社，2002.

[2] Renninger，KA. Individual interest and its implications for understanding intrinsic motivation. In Sansone c，Harackiewicz J.M.(Eds.)，*Intrinsic and extrinsic motivation：The search for optimal motivation and performance*[M]. New York：Academic Press，2000.

泛在阅读思与行　32

教育方式、设计不同的教育活动与营造不同的教育环境都能够激发并维持学生的学习兴趣。对于阅读亦是如此。

（一）适度要求，呵护阅读欲望

渴求知识，是学生的天性。教师对他们的要求过高，就会逐渐扼杀学生阅读的欲望；同样，要求过低，则会使其欲望值下降，甚至失去欲望。因此适度要求，呵护学生阅读欲望十分重要。对此，教师应做到以下六点：

第一，起点要低：教师要站在学生的角度选择或推荐篇幅适宜、易懂、与学生生活体验较为接近的读物。

第二，步子要慢：在泛在阅读活动中，教师要尽量地放慢脚步。阅读数量少一些，阅读速度慢一些，绝不可急于求成。

第三，形式要活：阅读形式切忌单一，应综合运用各种阅读形式，如个体阅读、同桌齐读、表演介绍等，以增进阅读的趣味性。

第四，反馈要勤：教师每隔一段时间就应组织学生进行泛在阅读的交流活动，如全班交流、小组交流、同桌交流、教师评价、学生互评等，获取有效反馈信息，以及时总结，合理调整。

第五，指导要实：教师要在泛在阅读活动前做好充分准备，设想种种不利因素，这样才能给予学生最合理、有效的指导。

第六，激励要多：在泛在阅读活动中，教师要善于发现学生的闪光点，如阅读的态度、阅读的方式、阅读的数量、阅读的效果，等等，及时鼓励，以激励学生奋勇向前。

（二）基于课堂，紧密结合

普希金说过："读书是最好的学习。"[1] 同时，"学生的阅读兴趣就是课堂讲读本身安排正确到什么程度的指标"[2]。因此，课堂教学应注意和学生的泛在阅读的结合。

---

[1] 霍先章.人生修养感悟（上）[M].郑州：中州古籍出版社，2014.
[2] [苏]卡诺内庚等.韩学玉等译.语文教学法（讲读）[M].上海：大路出版社，1954.

1. 学科教学与泛在阅读相结合

在学校教学实践中，教师们应将泛在阅读课题的研究内容和课堂教学的内容相结合。在语文教学中，教师们探索出了三个结合：一是同一题材的结合。组织得好的讲读课会引导学生对一个故事或一篇文章的题材产生兴趣，于是自然引发其再读一些同一题材作品的愿望。比如，课本中《狼牙山五壮士》的故事深深感动了学生，教师就利用学生的这一情绪和兴趣，及时向他们介绍更多的以抗日战争为背景、以英雄主义为题材的文艺作品。二是同一体裁的结合。比如，在教授寓言、童话的时候，学生可读泛在阅读书目中所列出的童话和寓言。三是同一作家的结合。比如，学习了鲁迅的《少年闰土》，可以让学生读他的《故乡》《从百草园到三味书屋》等。在数学教学中，教师可结合相关知识引导学生读数学家的故事。如学了圆周率，可以推荐学生阅读祖冲之的故事。在品德与生活（社会）课中，老师可结合节日、社会时事来进行教学。教师引导学生将阅读所得与课堂教学建立联系，使课堂教学的材料与学生生活密切相关，以丰富学习的内容，避免学习过程的枯燥乏味。

2. 课堂教学中指导泛在阅读

在教学过程中对泛在阅读进行指导有非常重要的价值。将学生课外自主、独立阅读的内容自然地引入课堂中来，是提高泛在阅读质量的重要方式。

口述：引导学生从自己所读内容中选取部分情节进行叙述。这种口述不是随便的、突然的，而是教师在做教学设计时就要预设的。教学设计内容包括口述内容与教学内容的相关性设计、口述的目的设计、口述的时间设计、口述者的选择设计等，它们都是教学的自然组成部分。口述的方式有很多，可从口述者的数量上设计：单人的口述；阅读小组的口述；一个主述者口述完成后，由另一个阅读过同一作品的口述者来补充叙述（目的是使口述的故事情节、人物形象等更为完整）。方式设计：由第一组学生接龙地连贯口述所读的一段情节；由第二组学生在此情节上进行扩展、改编；第三组学生进行相关联想，创意新情节，以充分激发学生的阅读欲望。

评论：学生对所读书籍发表口头的或书面的意见。这种活动形式的设计应根据学生的年段和心理特征来进行。以口头评论为例，如果是低年级学生，就可以从以下三方面进行要求：①书的作者和名称；②简单复述书中内容；③喜欢或不喜欢这本书？为什么？书面评论的难度要高一些，比如开展主题书面评论就是一种好方式。教师要求全班同学在一定时间内阅读同样的两三篇作品，学生再根据教师提出的关于故事内容的典型问题进行书面评论。

书籍介绍课：所谓书籍介绍课就是结合课堂教学的需要，利用单位教学时间对相关作家或作家的个别作品进行简单介绍的课程。课中可以欣赏作品的一些片段，或对作品做大致的介绍。建议学生关注相关作家的作品，以便进行课外阅读。

方法指导课：利用课堂时间，对学生进行泛在阅读指导。指导内容包括怎样做读书笔记，如何制作阅读卡片，怎样开展主题阅读等。只有学习并掌握了科学、高效的阅读方法，学生才会从泛在阅读实践中受益。

（三）开展活动，体验乐趣

1. "校园故事会"

可在学校少先队大队部广播站设置《校园故事会》广播栏目，播放校园内发生的故事和学生在泛在阅读后所改编的作品或创作的读书心得。广播内容应涉猎广泛。

2. "我与阅读"演讲比赛

可在学校举办"我与阅读"演讲比赛。通过班级初赛、年级复赛、全校决赛，层层选拔，让学生分享优秀的故事，感受阅读带来的乐趣。

3. "我爱阅读"微讲座

可在学校开展师生共同参与的"我爱阅读"微讲座活动。（组织方式：首先向全校师生征集微讲座作品；然后，组织委员会对征集来的作品进行筛选，确定参与者名单；举行全校性的微讲座。讲座内容：介绍泛在阅读的常用方法；推荐优秀读物；介绍自己泛在阅读的收获。）

4. 流动图书箱进班级

可利用学校藏书在各个班级设立流动图书箱，以扩大泛在阅读的涉猎范围。学校图书管理员将藏书室中的书拿出一部分，装进班级流动图书箱里，由班级图书管理员具体管理。这既解决了阅览室阅读空间有限的问题，又能够让广大学生最大限度地读到自己喜欢的书。

5. 利用学生力量组织班级图书角

一是发动学生从家里挑选出适合相应年段学生阅读的书籍由教师审查后交给班级图书管理员；二是组织学生编写目录或目录卡片；三是编写《泛在阅读推荐书目》和《图书借阅规则》；四是开展图书角阅读活动，扩大优秀书籍的交流面。

6. 读书会

可组织读书会。[方式：一是为学生最喜爱的作家召开读书会（主要介绍作家经历和其系列作品特色）；二是对某一作家的某一作品进行主题品读活动。] 这种活动的作用在于向学生介绍优秀的作家、作品，加深学生对故事的思想内容和作家所刻画形象的理解。比如，某校六年级三个班举办了鲁迅小说《故乡》品读会，以加深他们对少年闰土形象的理解。

7. 开展各种与阅读相关的游戏

与阅读相关的游戏有很多形式，如谜语游戏，韵律游戏，等等。谜语游戏就是编写一组谜语类问题卡片，这些问题可能是回答泛在阅读过程中所熟悉的作者姓名，可能是回答所读作品中的主人公姓名，或者是回答特定情节中的重要事件，等等。韵律游戏，就是背（写）出课内外所学所看古诗词中的一句，其他同学根据这一句继续背诵下去。比如从杜甫作品着手，由教师给出一句诗，学生依次背出下一句；一首结束，另一首又起，直至最后一个背出下一句诗的人为止。

8. 校际交流，展示成果

在重庆市渝中区教师进修学院总课题组的指导下，本区十所子课题学校经常举办泛在阅读成果交流活动，比如，教师阅读指导的论文评选、学生

"我与阅读"的演讲比赛等，以激发学生和教师泛在阅读的热情。

（四）基于个性，提升品质

"读得怎样"，这是开展泛在阅读应首要关注的问题，因此要对学生的泛在阅读品质进行及时诊断与有效提升。

第一，分享评价。在班级，教师应适时开展分享读书笔记，推荐好书，交流读书方法，朗诵优秀诗文，向学生介绍自己的阅读感悟和收获，讲述古今中外的名人读书成才故事等活动。在活动中，教师应多角度地发现学生的闪光点并给予适当的表扬，积极引导学生互相学习，取长补短，以激发他们的读书欲望，带动其读书热情。

第二，竞赛评价。举办专题知识竞赛、"我与阅读"主题演讲比赛等，掀起全校性"阅读"潮流，再通过评比，诊断不足，及时调整；同时，让优秀者脱颖而出，以发挥榜样的感召力，进一步提高大家的阅读兴趣，提升阅读品质。

第三，星级评价。将学生一学年以来的阅读量统计表、所做的读书笔记（心得文章）、获奖证书拿到学校"阅读指导中心"认证评级。（可实施"五星"阅读认证：班级书虫、学校书郎、半岛书生、长江学子、海派博士。）从而让学生在自我回顾、总结、反思中发现不足，及时调整，逐步提高泛在阅读的品质。

认证名称	星级	认证标准				备注
		阅读量（万字）			读书笔记	读书获奖	
		低	中	高			
班级书虫	★	2	15	30	摘抄	班级获奖	
学校书郎	★★	3	20	40	摘抄＋心得（1～2篇）	校级获奖	
半岛书生	★★★	4	25	50	摘抄＋心得（3篇）	区级获奖（1次）	
长江学子	★★★★	5	30	70	摘抄＋习作奖	区级获奖（2次）	
海派博士	★★★★★	6	40	80	摘抄＋发表	市级获奖	

让兴趣贯穿阅读的始终

随着信息技术的不断发展，高科技数字载体——电子书的上市，人们的阅读习惯发生了彻底的改变，原来一统天下的纸质阅读局面变成了纸质阅读与非纸质阅读并存的局面。当越来越多的人开始使用电子书、电脑、手机进行阅读时，"泛在阅读"这一概念便应运而生。"泛在"即"无所不在"，也被称为"普适"，即"普遍适用"的意思。所谓"泛在阅读"是指利用现代信息技术构建的泛在网络环境，用户自主随机阅读和学习的方式。这一方式使得任何人，在任何地方、任何时刻均可利用身边随手可得的可用装置，自主获取所需要的任何内容和信息，并自由地与人分享、共享和沟通。

"虽然阅读不能改变人生的起点，但它却可以改变人生的终点；虽然阅读不能改变人生的长度，但它却可以改变人生的宽度"，这句话形象地阐释了阅读对人一生的影响。因此小学阶段作为人求知涉世的初始阶段，我们更应该培养学生良好的阅读习惯。和老师在课堂上一起进行精细阅读之余，进行大量的课后阅读，既可以在延伸阅读中巩固所学的知识，又可以在广泛阅读中获得新的知识。因此，课外阅读是提高学生阅读能力、增加知识积累的重要途径。《义务教育语文课程标准（2011年版）》对学生课外阅读量做了明确的规定：小学阶段，学生课外阅读总量应不少于145万字。但这只是一个字数的要求，应如何在"泛在阅读"的大背景下，利用"泛在网络"阅读平台，切实扩大学生的课外阅读，提升学生课外阅读的品质，应该是我们语文教师思考的问题。

在我平时的教学过程中，往往会碰到这样一些困境：一是向家长强调课外阅读的重要性，却在无意识中将课外阅读与学习成绩挂钩，使阅读变成一件无比功利的事情。学生手捧着书本，心里却想着分数，使得课外阅读的目的单一化，甚至偏离主旨。二是为了落实课外阅读，给阅读附加了太多额外条件，例如写作读书笔记、摘抄好词好句等。形形色色的阅读附加作业，让本应轻盈自在的课外阅读变成负重前行，学生的阅读兴趣因此消磨殆尽。这些阅读的单一检查形式，使课外阅读变成了课外负担。三是阅读图书选择不明智。一方面，为了提升学生阅读兴趣，选择一些"快餐文化"类的图书，学生看似兴趣高涨，实则阅读成效不佳；另一方面，不顾学生的实际接受能力，盲目要求学生读名著，而造成囫囵吞枣、拔苗助长的现象。

那么如何走出这些困境，让阅读真正成为学生乐于做的事情，我想培养阅读兴趣是当务之急。而"泛在阅读"这一模式无疑是培养阅读兴趣的有力推手。

第一，利用活动，为阅读注入新的活力。教育心理学认为，活动是学生尤其是小学生获得发展的有效载体。小学生课外阅读的兴趣和热情，只有在丰富多彩的活动中才能得到有效的激发和保护。因此，无论是学校还是家庭，都要有组织、有计划地开展好小学生喜闻乐见的读书活动，让他们在具体的活动中交流展示，互相促进。而"泛在阅读"还可以通过网络有效地扩展活动范围，使阅读不再受时间、空间的限制。当活动在有限时空和无限时空交替出现后，阅读便活跃了起来，学生、家长、教师在这样的环境中自由地享受着阅读带来的愉悦，而阅读也自然地融入了他们的生活。

第二，利用交往互动，树立读书榜样。榜样的作用是无穷的，尤其是对青少年而言，其潜移默化的影响难以估量。因此，正面的读书榜样，对中小学生自觉阅读、乐于阅读有极大的推动作用。在一个群体中，发挥好师长、同伴的引领作用，也能有效地激发他们的阅读兴趣，推动课外阅读的可持续发展。因此，每一位教师都应热爱读书，与书为伴。一方面，在阅读中不断地提升和充实自己，促进自身素质的提高；另一方面，当好学生阅读的引路人和同行者，经常向学生介绍自己读过且适合他们阅读的好书，和学生共享读书的快乐。而由于工作和生活的多方压力，要求教师拿出大量的时间进行阅读，的确有些强人所难。但"泛在阅读"却能将这一难题有效地解决掉。因为泛在阅读能让教师在任何时空条件下，利用最方便的设备（例如手机）进行有效阅读。同时，在泛在阅读背景下，师生同读一本书，能让他们随时随地交流意见，且这种交流的平等、频繁必定会带出一大批热爱读书的学生。

除此之外，教师要有意识地在学生中培养几个阅读的"先行者"，让他们通过阅读先"富起来"，进而去带动阅读方面的"贫困生"。让"先行者"向同伴介绍自己的读书经历，畅谈阅读带来的快乐，倾诉阅读中的感受，进而让更多学生能够享受阅读。因为同伴的引领，是学生踏上阅读之路的最佳推进剂。

第三，激励强化，通过肯定与否定的手段进行阅读激励。一方面，要肯定良好的阅读行为，建立正确的阅读行为规范。包括合理安排阅读时间、掌握科学的读书程序、掌握几种最基本的读书方法及写作读书笔记的习惯。强化正确的阅读行为，将物质奖励和精神奖励相结合，以精神奖励为主，物质奖励为辅，切实提升学生阅读的内在动力。另一方面，对部分不爱阅读的学生，教师应及时地给予帮助。同时，应发动同班同学和学生家长给予其正面的帮助和引导。注意，千万别使用简单粗暴的方法让学生只感受到阅读的压力，而不能享受阅读的乐趣。

第四，纠正不良阅读行为。教师应注意学生的"偏食阅读"：只读自己喜欢的，这样会窄化学生的知识面；"功利阅读"：只读要考试的；"懒散行为"：有这类习惯的孩子总是把不读书的原因归结为客观因素，如没时间、没书刊等；"应付行为"：这是学生被动阅读的一个重要体现，是完成任务式的敷衍了事；"盲从行为"：学生进行课外阅读无目的性、无方向性，"别人看什么我也看什么"，没有从自身实际需求出发。纠正不良阅读行为与鼓励正确阅读行为是同一问题的两个方面，必须结合起来同时进行。这时就需要"泛在阅读"的介入：首先，"泛在阅读"能提供大量的能引起学生兴趣的阅读资源，进而改变"偏食"习惯，打破"功利"。其次，进入"泛在阅读"的门槛较低，没有购买书本的过高金钱要求，对零碎时间也可有效利用，因而规避了"懒散行为"的发生。再次，"泛在网络"中的信息包罗万象，学生既可广泛阅读，拓展眼界；也可针对自身的兴趣，深入阅读，达到"精读"的目的，这样一来"盲从行为"就迎刃而解。另外，教师设立合理的阅读目标，实行目标激励，以助学生"阅读"一臂之力。根据语文新课标的要求，我们一线教师必须根据不同年级、不同年龄确定不同的读书目标，让孩子们朝着明确的方向努力。如每个学期初，首先组织孩子们讨论并制订出整个学期的课外阅读计划，其次引导他们制订出每周课外阅读计划，最后讨论每天的阅读计划。当学生有了明确的阅读目标，他们就会勇敢地朝这个目标奋进，进而让阅读成为他们的兴趣与习惯。而每个学生因为兴趣和能力的差异，应该设定不同的阅读目标，这时"泛在网络"便成了教师可利用的最好的引导学生享受阅读的平台。同时，目标的达成，需要过程的把控和结果的测评，需要自由的阅读分享和信息技术的监控，"泛在阅读"自身的优势也能很好满足这些需求。

"我的手太小，请不要让我拿太多东西。"这是儿童的心声，也是所有教师在课外阅读活动中应当铭记在心的话。我们教师应有效地利用"泛在阅读"，将兴趣贯穿阅读始终，把那些强加给课外阅读的选项统统删除，让学生单纯地享受阅读带来的乐趣。

（大坪小学　许若黎）

四、提升阅读感受力

《义务教育语文课程标准（2011年版）》阅读部分指出："欣赏文学作品，有自己的情感体验，初步领悟作品的内涵，从中获得对自然、社会、人生的有益启示。对作品中感人的情境和形象，能说出自己的体验；品味作品中富于表现力的语言。""情感体验""领悟""体验""品味"等都是在诉说阅读的感受力。"感受力，心理学上称之为感知觉能力，是把感觉能力和知觉能力混合在一起的概念。"[1]"客观世界中的范畴、特征、关系对它们的形成有基础性的始源影响，但不可能像客观主义所认为的那样是镜像般的影射，它们是身体与客观外界互动的产物。"[2]也就是说，感受力来源于外界环境，而又不完全等同于外界环境，因为它还包括人的精神、情感体验的参与。

---

[1] 张翠娥. 感受力培养：语文教学目标定位思考 [J]. 江苏第二师范学院学报，2006（4）.
[2] 王寅. 体验哲学：一种新的哲学理论 [J]. 哲学动态，2003（7）.

阅读的过程是个体与外界环境交互的过程，感受力是沟通内、外的纽带。同时，感受力的提升也是阅读能力提升的重要表现，只有提高了阅读感受力，才能让学生在阅读中汲取更多的养分，从而有能力将所学习到的东西转化为个体的内隐知识和外显行为。传统的学校教育更多的是让学生在纸质书本中提升阅读感受力。但是，感受力来源于一个人的生存经验、知识结构、文化判断，又涉及洞察力、联想力和感知力，因此敏锐的眼睛、丰富的联想和独特的情感才是提升感受力的法宝。

进而，我们提倡，在广泛与深入阅读纸质书的基础上，还要在"行走"中培养阅读感受力。书籍是"望远镜"和"显微镜"，通过它，人类可以看到遥远的过去，也可以看到辉煌的未来。书中内容浩瀚而深邃，据此人们才可以站得更高，看得更广，看得更远，看得更深。读书能够助人增长智慧。阅读，会打开一扇扇窗户，让你我的思想和情感盘桓在自然、社会、人生世界之上。

"行走"就是"行万里路"。所谓"读万卷书，行万里路"，讲的就是一种阅读的态度和方式。读万卷书，强调的是阅读数量多；行万里路，强调的是游历广，通过游学，增进对已有知识的感受，并因此获得真知。"纸上得来终觉浅，绝知此事要躬行"，是说既要多读书、多思考，又要亲历躬行。

学习、阅读的目的是什么？丰富知识，积淀情感，增长智慧，我们都会这样回答。但如果进一步追问，丰富知识、积淀情感、增长智慧是为了什么？那就应当是学以致用。"行走"强调的是实践性学习。人类进化就是从行走开始的。人，先是在树上，然后到了地上，从树上到地上的过程就是学习的过程。这是人类始祖的重大进步。这样做的目的是为了获取更多的食物，同时也是为了寻找安全的憩身之地，在这一过程中，先祖开阔了眼界，学到了很多有用的知识。著名教育家孔子就非常重视实践在学习中的作用，他通过周游列国来印证所学、所著。李时珍、徐霞客、马可·波罗、达尔文、哥伦布都是在"行走"中或"行走"后书写出了宏伟巨著或取得了重大发现，从而造福人类。可见，"行万里路"是治学的重要路径与方法。

"行走"让学生感知世界。在春季和初秋，广大中小学校都要组织学生出去"春游"和"秋游"，让学生投身到广阔的世界，感受大自然的美好，对城市学生来说，乡村游能增长知识，让其再也不会把麦苗当韭菜，知道了花生是从土里长出的；带农村学生参观工厂和工地，增进他们对城市的了解。

一言蔽之，"读万卷书"，是对知识学问的汲取；"行万里路"，是实践的体悟，将两者都做好了，便完成了知与行的统一。

【案例】

旅行，能让你遇见那个更好的自己

八月六日，在收拾完第二天出发要带的行李之后，我看见了放在书桌上那曾经匆匆读过一遍的书——《最好的时光在路上》，想了想，我便把它也塞进了旅行箱里。后来，在骄阳下暴走于罗马的间隙，在威尼斯小巷里品一杯咖啡的时光，荡漾在莱茵河上，在火车隆隆的轰鸣声中，我再次细细品读了这本书，也许是正身在途中，这一次比第一次阅读更加感同身受。

作者摘选了几个看似零散，却意味深长的片段，于是有了那《嘈杂世界的静音键》和《爱丽丝的另一处仙境》，也有了《如果天堂有颜色》和《咖啡向东，红茶往西》的感慨，还有偶尔老老实实地询问："火山今天几点喷发？"……在他的镜头中，少有那些观光客们耳熟能详的著名景点，更多的是对各式各样的人的特写：法雅小美女鲜花一样绽放的笑容；吴哥看日出时毫无防备兀自洒落的泪水；一丝不苟的日本厨师，在"真理之口"前一个轻盈的背影；圣特里尼岛上那些温情刻骨的拥抱；伦敦街头冷雨中行色匆匆的人群……

每次出门旅行，都想着要去看各式美丽的风景，要将这些美景牢牢记住，看风景的途中总会遇到形形色色的人，回来后不久，发现那些眷念不舍的美景在记忆中的画面总会慢慢模糊起来，反而是那些在旅行途中遇到的陌生人，不经意间在我们的人生旅途中留下了浓墨重彩的一笔。甚至因为那些人，改变了我们对一个地方的印象。记得柬埔寨那些举着木质手链叫卖的有着漂亮眼眸的小孩，那些"地雷受害者"们组成的演奏团队（乐器边摆放着他们的假肢）；记得那个黄昏时在梵蒂冈圣彼得大教堂外席地而坐挥笔写生的青年，那一刻一定是他们人生最愉悦的时刻，因为在这个时间、这个地点做这个事情，谁都会恍惚觉得自己的艺术人生无比光明；记得在小镇吕德森海姆偶遇葡萄酒节，在那个快乐的晚上，有个热情地拉着我们合照并骄傲地为我们介绍小镇历史的可爱老头儿。

记得在佛莱堡的地下停车场前，我们拿着停车票却找不到自助缴费机而惶惶然时，一对路过的小情侣主动给我们指点了方向。他们俩的英语并不算太好，我们听得有些迷糊，表示感谢后回到车上正在讨论时，忽然有人敲我们车窗，还是那一对情侣，原来他们担心我们没有听懂，又返回来主动带我们去缴费。那一刻，他们脸上灿烂的笑容，仿如阳光。记得在通往维也纳的火车上，旁边一群出去露营的中学生嘻嘻哈哈、吵吵闹闹，啤酒、汽水不小心流了一地，等他们下车之后地面一片狼藉，我和朋友正暗暗皱眉时，一直坐在我前排安静看书的老人走了过来，他诚恳地对我们说了一段话，大意是那一群中学生年纪小、太张扬，影响了乘车环境，给大家带来了不便，非常抱歉。看着他真诚的面孔，我心中感慨万千。素不相识的老人，他也是一位乘客，也许因为看见我们微皱的眉头，也许因为我们是国外游客，他为这群不相识的自己国家的孩子们的行为向我们诚挚地道歉，我对这个地方和这个地方人们的好感便油然而生。诚如作者所言："旅途中遇到的人，他们在与你航迹交错的瞬间，改变、点化、充盈了你的人生。"

有人说，旅行的意义是逃离，逃离的不是一座城，而是一段记忆。但是我觉得，旅行的意义是找寻，找寻的不是别人，而是遗失的自己。所以看到作者说："旅行，修行，都是找自己，都是向内心深处的远游。"有一种久违了的亲切感。

这本《最好的时光在路上》，应是给"旅行"这件事儿，做了最扎实的定位——"旅行，能让你遇到那个最好的自己。"

（中山小学　龚　颖）

第二节 构建泛在阅读"立交桥"

一、家、校、社区对接联通

人是社会性动物，在人的成长过程中，教育扮演着极为重要的角色。一谈到"教育"，人们就会本能地想到学校教育，实际上，教育有一个完整的系统，并不仅仅是学校教育。"教育系统由学校教育、家庭教育和社会教育三个子系统所构成"，每个教育子系统都对人的成长、发展具有重要价值和作用，"它们虽然处于不同的位置，发挥着不同的功能和作用，但是三者之间却是相互独立又紧密联系的关系"[1]。首先，三者的目的是一致的，都是为了促进人的发展，它们的出发点和归宿是一致的，其内容也是相互补充、相互粘连的；其次，家庭、学校和社区在空间环境上相互衔接、相互联通，共同构成了完整的教育环境和平台。家庭、学校、社区系统只有相互协调对接，形成互补、叠加、联通的教育系统环境，才能取得最有效的教育效果。正如苏霍姆林斯基所说的"教育的效果取决于学校和家庭教育影响的一致性。如果没有这种一致性，那么学校的教学和教育的过程就会像纸做的房子一样塌下来"。[2]

家庭是一个人来到这个世界上的第一个教育场所，在人的一生中它起着奠基性作用，它也是学校教育和社区教育的基础。即便孩子以后进入学校接受教育，家庭教育仍然是其成长过程中是不可或缺的，因为它既是学校、社区教育的基础，又对学校、社区教育起着补充和延伸作用。对于整个社会发展而言，学校教育是人类传承文明成果的最主要的方式。对于个体而言，学校教育是其获取知识，发展品德，培养独立健全的人格和个性，不断提高人的生命质量的重要途径。刘尧认为，社区教育从其本质上说是一种教育与社区生活相结合的教育形态。人类社会最早（原始）的教育形态实质上是一

---

[1] 杨雄，刘程．关于学校、家庭、社会"三位一体"教育合作的思考[J]．社会科学，2013（1）：92—101.
[2] 李润华．行走在日本基础教育第一线[M]．重庆：西南师范大学出版社，2014.

种社区教育。[1]

20世纪出现的"大教育观"，突破了传统教育中对单个教育系统的独立研究，而是将整个社会看成是一个整体的系统，用系统的观点去全方位地看待教育问题。"大教育观"提倡将家庭教育、学校教育、社区教育等教育子系统联通起来，以便给孩子提供完整的教育内容并有效协调的教育环境。教育生态系统理论的代表人物，美国著名心理学家布朗芬布伦纳在《人类发展生态学》一书中提出，学校、社会、家庭是人类社会和个体发展的几个重要环境因素，这几个因素并不是孤立存在的，而是相互联系、相互补充的，只有强化这几个因素的关联性，充分发挥其各自的作用，个体才能从中获得有益且高效的发展。

然而就目前的现实情况来看，学校、家庭、社区教育各自为政、配合较少，即便有所联通也仅仅浮于表面，缺乏更深层次的合作沟通。具体而言，学校、家庭、社区之间的认知不一致，很多家长不愿意参与学校或社区教育，而社区则很少组织相关的教育活动；同时大多数家长对自己的权益认识不足，相应的保障措施也存在问题；另外，家庭、学校、社区在开展合作交流的方式上仍显单一。

促进家、校、社区的对接联通是构建泛在阅读环境的基础和保障，也是更好地促进教育发展的措施之一。2015年教育部发布《教育部关于加强家庭教育工作的指导意见》，专门针对家庭教育工作做出规划部署，强调"各地教育部门和中小学幼儿园要与相关部门密切配合，推动建立街道、社区（村）家庭教育指导机构，充分利用节假日和业余时间开展工作，每年至少组织2次家庭教育指导和2次家庭教育实践活动"。

对接联通家、校、社区是构建泛在阅读体系的必由之路。

第一，家庭与学校联手。改变家长陈旧观念，树立阅读新观念。很多家长认为读书是学校负责的事儿，学生读好课本就行了，没有必要再开展泛

---

[1] 刘尧. 我国社区教育发展现状、问题及对策[J]. 华中师范大学学报（人文社会科学版），2010，49（4）：143-148.

在阅读。基于家长的陈旧观念，学校要向家长宣传泛在阅读的重要性。一是利用每期开学的家长会的时机，向家长宣讲泛在阅读的重要性，引起家长的关注。二是通过"给家长的一封信"的方式，向家长介绍泛在阅读的好处，让家长们普遍认识到泛在阅读的重要意义，树立阅读新观念。此外，大力开展"亲子共读活动"。由于家长的加入，学生们参与泛在阅读的积极性会更加高涨。同时，应在家长会上分享泛在阅读指导方法。在每期期末的家长会上，不仅要展示学生们基于泛在阅读的收获，让家长进一步感受到开展泛在阅读的好处，还可邀请将泛在阅读开展得好的家长做经验交流，鼓励先进家庭，启发后进家长，达到共同进步。

第二，联合家庭、学校和社区，打通教育渠道。树立共同体观念，宣传并学习家庭、学校、社区合作的价值理念，成立相应的组织管理委员会以及监督机构。在此基础上，统筹规划，资源共享，充分利用多种资源进行多向开放性的学习活动，如以学校为主，以社区、家庭教育为辅的亲子活动等。学校要积极倡导学生走进校外的图书馆，如重庆市少年儿童图书馆、新华书店等，寻找更加丰富的阅读资源；社区可利用周末或寒暑假时间，组织开展社会实践活动，围绕某主题开展读书分享或主题宣传活动等；家长也要积极参与其中，形成与孩子的良性互动。

第三，将课堂内外联系起来。布置预习任务，提前阅读。课堂教学与泛在阅读的连接并不一定都要发生在课文学习之后。教师在教学某个单元前，在要求学生预习的同时，也应要求学生阅读《同步练习》等书本里相关的篇目。《同步练习》是教材主题阅读的延伸，对专题学习有加强与巩固的作用。泛在阅读不仅可以使学生开阔视野，增长知识，培养良好的自学能力和阅读能力，还可以进一步巩固学生在课内学到的各种知识，对于培养学生的阅读兴趣起着极大的推动作用。

利用资料课进行泛在阅读。在课堂教学中，教师可以有意设计一教学环节，把泛在阅读的相关资料引进教学中来，以加深学生对知识的理解。课堂教学中引导学生进行泛在阅读，课后及时推荐学生读同一作者的作品或是同一主题的作品。比如，三年级学生在学习了《争吵》后，可以推荐学生去读《爱的教育》这本书。该篇课文是意大利一名四年级学生写的《爱的教育》里的一篇文章，阅读《爱的教育》既能拓展学生的阅读视野，又能巩固其所学知识。对于同一主题作品的介绍，可以采用配套的泛在阅读书籍，每次都让学生轮流去读相关的书。

二、"互联网＋阅读"打造立体化环境

"互联网＋"是创新 2.0 下的互联网发展新形态、新业态，是知识社会创新 2.0 推动下的互联网形态的演进。通俗地讲，"互联网＋"中的"＋"，是指传统的各行各业。在这里，互联网和传统企业相联合，当然不仅仅是互联网与各行各业的简单叠加，而是互联网技术与各行各业的深度融合，依托互联网平台或技术手段，创造新的发展样态，它代表着一种新时代背景下的社会形态，即充分应用互联网技术，优化配置与集成互联网资源，促进社会各方面发展的形态。在"互联网＋"时代下，数字化、网络资源、计算机等信息技术已经广泛且深入地应用到人们的日常生活中去了。

Google 公司研究表明，美国超过 90% 的电子媒体消费行为都是在手机、平板电脑、个人计算机以及电视这四个屏幕上进行的。[1] 在阅读与学习领域也是一样的，数字化、平板化阅读已成为阅读的新趋势，并逐渐融入人们的学习生活中，为人们的泛在阅读提供了更广阔的平台和空间。数字化阅读是以数字化媒介为信息载体的阅读方式，[2] 一方面指阅读内容的数字化，包括文字、图片、电子地图、音频、动画、视频等多种形式；另一方面指阅读方式或途径，即阅读使用的工具和终端的数字化，如个人计算机、iPad、手机等。

随着人们对数字化阅读需求的增加，专业的电子书阅读器——Kindle于 2007 年诞生。Amazon Kindle 是由 Amazon 设计和销售的电子书阅读器（以及软件平台），用户可以通过无线网络使用 Amazon Kindle 购买、下载和阅读电子书、报纸、杂志、博客及其他电子媒体产品。此外，广泛的

---

[1] 王佑镁 . 跨媒体阅读：整合 O2O 与 MOOCS 的泛在阅读新趋势 [J]. 中国电化教育，2015 (1) .
[2] 王佑镁 . 数字化阅读对未成年人认知发展的影响研究 [J]. 中国电化教育，2013 (11) .

数字化阅读也推动了纸质书的发展，很多纸质书籍将互联网元素融入其中，为读者创设了一种立体化、趣味性和生动化的阅读体验，如《移动的力量》等，读者直接扫描其二维码即可观看相关知识点的讲解或进行拓展阅读。

毋庸置疑，在信息化时代，充分利用"互联网＋阅读"能够打造立体化的泛在阅读平台和环境，为读者营造更具感染力的阅读氛围。

首先，充分利用网络资源，拓宽泛在阅读渠道。网络为学生的阅读提供了广阔的空间，信息技术的应用为学生提供了丰富的阅读素材和媒介产品。阅读者在阅读了相关的书籍后，可以根据自己的阅读主题在网络中检索相关的参考资料或拓展阅读书籍，进一步加深对内容的理解和感悟。而阅读的工具也不局限于纸质书籍，个人计算机能够检索到海量的书籍，iPad、手机、Kindle 等移动终端电子产品实现了阅读者随时随地阅读的可能。阅读，不再受时间、地域的限制，且充分利用了零碎时间，从而真正实现了"泛在化"阅读。除此以外，我们应当集合区域公共资源力量，进一步拓展数字化阅读资源，一方面将实体图书资源数字化；另一方面筹建和共享各地区网络图书馆，为学生提供更多的健康的阅读平台和空间。

其次，构建 O2O 泛在阅读模式，沟通线上与线下阅读。O2O，也就是 Online To Offline（在线和离线／线上到线下），此概念由美国 Alex Rampell 提出，最初出现于电子商务领域，即将电子商务线下交易沟通、服务与线上网络交易平台结合起来，实现在线与离线的协同。[1] 将 O2O 理念应用于泛在阅读领域，就是要沟通线上阅读与线下活动，增加和扩宽阅读的方式和途径，以深化阅读者对阅读内容的理解。学生可以选择适合自己的电子终端进行阅读，并结合文字、图形、动画、音频、视频等多种媒体呈现形式，深化阅读体验和感受。以此为基础，由学校或社区组织相应的读书或实践活动，进一步在线下进行交流和探讨。通过形式多样的活动将"线上"与"线下"结合起来，创设立体化的阅读空间，以增强自主化的体验。

再次，利用网络虚拟社区，构建泛在阅读与学习共同体，形成广泛有

---

[1] 池莲．谈电子商务 O2O 模式面临的机遇与挑战 [J]．商业时代，2014，（25）．

效的知识共享模式。虚拟社区是一个基于信息技术支持的网络社区，其核心在于参与者之间的互动，并且在参与者之间形成一种社会关系。[1]虚拟社区能够按照领域或主题分为不同模块，以快速聚集相关的阅读者或学习者。虚拟社区的知识共享突破了时间、地域、年龄的限制，进一步拓展了交流的深度和广度，为知识共享提供了条件，同时也能够创生新的知识。一方面，阅读共同体的成员之间可以强化交流沟通，开展线上读书活动，如果自己有疑问或问题，也可以在更大、更专业的范围内寻求解答；另一方面，对于所探讨的问题，阅读共同体内部可以集思广益提出不同的解决方法和策略，而大家分享知识、交流知识的有效记录，也能够创生出新的知识。

【案例】

无纸阅读

溜溜球风靡中小学校园的时候，班里的好朋友送了我一个。那是一个带有离合器的溜溜球，一有空我就要拿出来玩，它的工作原理让我着迷。有一天，我终于忍不住把那只溜溜球用螺丝刀拆开了。看着一堆零件，我有点困惑了。周末，我去了图书馆，想查查溜溜球的工作原理。到了图书馆，我咨询了图书管理员，他们觉得这个太复杂，无奈地摇了摇头。一个年轻点儿的叔叔说："上网去查吧，网上应该有。"

我怎么没想到呢？回到家，我赶忙打开路由器和电脑。点击浏览器，进入搜索网页，在搜索栏中输入"溜溜球"，按下回车键，几秒钟时间，屏幕上显示出"XX 为您找到相关结果约 4970000 个"。第一页大约有 13 条记录，但是基本上都是溜溜球玩具广告和介绍溜溜球玩法的网站。我明白了，还需要增加查询信息，于是我又在"溜溜球"后面输入"工作原理"，这下

[1] 王飞绒,龚建立,柴晋颖. 虚拟社区知识共享运作机制研究[J].浙江学刊，2007 (5) .

对了，找到相关结果大约 61600 个。这下可好，我想获取的信息有简单文字的介绍，也有配图的讲解。呵，居然还有专门的学术论文。我觉得讲得最好的要数 XX 百科了，它从溜溜球的起源，讲到它的发展历史，再讲到各国的溜溜球比赛、各种玩法和工作原理，最后还讲了溜溜球文化。真是让人大开眼界！

妈妈回来了，问："你在干什么？"

"在查资料。"

"让你有空阅读课外书，你却在上网……"

"不是上网，我是在无纸阅读！"

（曾家岩小学　黄思淮）

三、读、思、用融合渗透

广义的泛在阅读是一种广泛存在、无所不在的阅读，只要阅读者愿意就可以通过适当的工具和环境适时地获取信息和资源。尽管在信息化环境下，阅读的内容、途径和方式得到极大的拓展，但形式的多样化、泛在化并没有削弱阅读的实质。如果阅读只是将一页页的文字浏览一遍，那么它不能对学习者的成长产生任何有益的作用，是没有意义的。因而，我们认为，阅读不应该是单向的知识输入过程，知识的内化与外化同样必不可少，只有将阅读、思考、运用融合渗透，才能实现阅读的真正价值。

按照布卢姆技能分类方法，阅读过程属于心灵运动范畴，而阿瑟·耶普认为，就阅读过程是一种生理活动来说，它也必须包括一些认知范畴。[1]这就必然涉及思考的过程，因为思考能使从读书中获得的知识内化为个体的认知结构。卢梭就说过，"读书不要贪多，而是要多加思索，这样的读书使我获益不少"。富兰克林则强调了思索之于阅读的价值和作用，他说："在读书上，数量并不列于首要，重要的是书的品质与所引起的思索的程度。""读书是易事，思索是难事，但两者缺一，便全无用处。"可见，思考对于阅读

---

[1] 阿瑟·耶普 . 张云皋译 . 阅读的过程、要素和方法 [J]. 国外外语教学，1979（Z1）.

的价值。如果说，阅读让学习者获取知识，思考让阅读者内化知识，那么"运用"则使得知识外化，使得知识与行为融会贯通。

对于学校教育来说，可从以下两个方面来强化阅读的内化与外显价值：

一是课内得法，课外运用。要增强学生的阅读能力，仅仅靠课内的书本学习是远远不够的，还必须让他们学会体验生活，在课堂之外进行实实在在的读、写、听、说的练习。在读的方面，可以结合课本内容，指导学生阅读一些既能够帮助他们理解课文，又能够开阔其视野、拓宽其思路的文学作品或评论文章；也可以指导学生阅读报纸杂志中的时文，引导学生了解时事，关注现实。在写的方面，可以组织、指导学生编写生活小镜头集锦，写时事短评、影视评介等系列文章，把他们对生活的观察、体验和对现实的看法随时记录下来。在听和说的方面，可以结合泛在阅读开展小型的讨论会、辩论会、采访和问答活动，以及演讲比赛、朗诵比赛等。实践证明，开展这些丰富多彩的泛在阅读实践活动，可以营造出和谐愉快的学习氛围，激发学生的阅读兴趣，增强学生阅读的自觉性和主动性，有效促进学生学习成绩的提高和阅读能力的增强。

二是以"引导学习"模式促进学生泛在阅读、思考与运用的能力。这个模式的核心在于利用假期时间，加强学生泛在阅读的阅读效果。它具体包括目标引导、泛在阅读、小结三个环节。目标引导，就是要在方法上教会学生如何去泛在阅读；泛在阅读则是其具体的实践活动；而小结则指的是学生在结束假期返校后对其阅读效果的检查。

相对于平时在校学习来说，寒暑假是学生集中阅读、练笔和体验生活的好机会。假期中，学生没有了在校学习的时间限制和作业压力，可以静下心来读些书，练练笔，加强社会实践，做好素材、知识、情感的积累。教师可以给学生布置相应的阅读任务，由学生结合自己所学到的阅读方法独立阅读并思考，完成读书笔记等书面作业。例如，列出可供学生阅读的文学或史学书目，让学生自己选择一定数量的篇目去阅读，读后撰写读书笔记；指导学生收集一定数量的创意新颖的广告语，或名言警句；还可以指导学生收集一些书法精湛、对仗工整、富有时代气息的春联，具体数量可以根据假期长短而定；在运用方面，可以让学生发挥自己的聪明才智，查找资料、选材组稿，自己设计版面，办一份手抄报……

对于学生在完成任务期间可能遇到的问题，则可以通过虚拟学习社区进行探讨、交流，在完成任务的同时培养学生的创新能力、解决问题的能力和合作探究的能力。开学后，将学生完成的作业做有价值的讨论和评价，以发现问题、指出问题、引导大家解决问题。这样做既能提升学生的自我效能感，也能在这个过程中增强学生的阅读能力和文化素养，内化其知识体系。也可以结合假期学习任务开展实践活动，例如，学生在假期学习了制作手抄报，学习了不同文体的写作技巧，开学后可以组织学生进入社区开展"读书""环保""节约"等主题的宣传活动，由他们自己设计宣传海报，深入社区进行专题采访，根据采访的情况写出通讯报道或调查报告。这在增强家、校、社区对接联通的同时，也促进了学生学、思、用的相互融合渗透。

显然，要想将阅读、思考、运用融合渗透的观念在实践中使用得法，这就对教师提出了更高的要求。教师不但要具备教育教学的基本知识、技能和素养，掌握现代化的信息技术教学手段，其自身更要形成正确的读书理念，掌握有效的读书方法。这既是在学校开展泛在阅读活动的必要条件，也是终身学习时代教师在专业发展方面不可缺少的部分。正如苏霍姆林斯基所说："读书乃教师专业发展的最有效路径。"

然而从目前中小学教师的阅读状况来看，不仅仅是语文教师，整个中小学教师群体的阅读行为都存在严重缺失，如教师自觉阅读意识薄弱，教师阅读时间匮乏，教师阅读环境和氛围欠缺等问题突出。[1]

[1] 丁雪梅. 关于中小学教师阅读缺失的思考[J]. 教学与管理，2007（7）.

【案例】

阅读，催促心灵去旅行

月光如水，满地清辉，夜，正以她独有的静谧慢慢展开。捧上一本书，手指在发黄的书页间停留、摩挲、翻动，一字一句如一泓清泉在心间流淌，一章一节似一袭芬芳在脑中萦绕。

这种"精神按摩"的愉悦已无法言说。这便是几千年来我们都为之沉醉的传统阅读，在享受着书中深邃思想的同时，也享受着纸张带给我们的时光的气息和深沉的文化氛围。

但在今天这个大众文化盛行的时代，新的社会环境和文化语境对传统阅读提出了前所未有的历史性挑战。驻足停留，你会发现：朝气蓬勃、行色匆匆的白领，街边咖啡店靠窗而坐的小伙儿，地铁站静候着回家的学生，大家都在低头翻阅着电子产品，并高效、快速地获取信息，吸收知识，谁又能说这不是阅读呢？

其实，阅读就是心灵的旅行，只要能汲取书中的思想精华，唤醒自我的思考，不管以何种形式进行的阅读都应该是被尊重的。阅读形式不应受一纸一书的局限，其他阅读形式都是有意义的存在。

聆听自然，阅读生活

如果世界是一本书，旅行就是阅读，我们可以从中收获许多东西。登山，读到浑厚雄奇；游林，读到物况择存；访古，读到沧桑演进……

面朝大海，我们可以读到纯净和广阔。那满眼的蓝色啊！无暇、透明、纯洁、安静，那是足以融化生命的一种颜色，那是自然唯一赋予大海的颜色。大海是那么从容，那么博大，海风是它的呼吸，海浪是它的心跳。走进大海，用身体轻抚海水，随着波涛感觉大海的心跳。一个浪涌过来，你只需平视，便觉得面前竖起了一座无声的高墙，很快它占据了你的视线，直到遮住了整个天空。然而无论你是谁，都会被它托得老高，推得老远。听涛声依旧，敞开心胸，让心灵尽情地去接受大海的洗礼。聆听大海的声音，聆听海鸥的高歌，张开双手，拥抱希望。

细赏梧桐，我们可以读到信念和希望。那树叶的纹理十分清晰，叶茎一根一根挺起，仿佛可以看到法国梧桐树成长的痕迹。冬至，它全身都好像在慢慢枯萎。可是，它那从枝下慢慢展开的小小的绿叶，又分明让我们感受到春的气息。冬天来了，春天还会远吗？我感觉在这梧桐树那厚厚的树皮里，有一股神秘的力量。那力量就像夜中的一颗夜明珠，慢慢温暖着黑夜，照亮着黑夜。那力量就是已没有鱼儿的海中的一颗小小的鱼卵，那颗鱼卵，就是那片海的希望；那片海，因那个小小的生命而涌动。

盼望日出，我们可以读到守候的美丽。三点多的闹钟把我从梦乡中唤醒，刚想按掉闹钟继续回到那个梦境里舞蹈，却因为一个格外强烈的愿望的驱使，便起床迅速洗漱。到达目的地时不过四点，天空仍是一片灰蓝，一点儿太阳的影子都找不着。睁大了眼睛望着天空，生怕一个懈怠就错过了日出时的瑰丽场景。但等待向来不可操之过急。只能与友人坐在沙滩上，把玩着那沙砾，轻声交谈。不知过了多久，天空突然黑了下来，讨论停止，那时只愿静静地感受着天一点点从暗蓝色变浅，乃至浅浅的群青，淡淡的钻蓝。忽地，有一线红色的霞光从水天相接之处溢了出来，淡蓝色的天空一下子变得白皙粉嫩，有一种不可言喻的柔情。心也明朗起来，因为突然读懂了等待的意义。

行走在路上就是心灵的阅读，金字塔如史，布达拉宫如经，威尼斯如散文，苏州园林如诗词，远古文明、宗教民俗、艺术文化、美学传统一一印入脑海。

与友对话，阅读自己

选一个阳光灿烂的下午或者微风爽朗的清晨，三五好友聚在一起，侃侃而谈，把酒言欢。闲聊的氛围是很轻松的，没有官方会议的严肃，没有学术会议的严谨，没有组织谈话的拘束。闲聊的话题如闲云野鹤，闲聊的范围似海阔天空，聊得兴起时，大有不知今夕是何年之感。

这也是阅读，阅人，读己。

如果书中的故事让我们思潮起伏，书中的道理让我们有所领悟，那么与友交谈，便是把"这本书"具象化了，书中的故事搬到了现实的生活舞台上，书中的人物也已然呈现在我们的面前。朋友轻松地卸下包袱，打开记忆的闸门，我们除了当好听众以外，更重要的是反观自己，提点自己，这才是阅读的价值。

朋友大学毕业，孤身一人留在陌生的城市里打拼，他颓废的眼神似乎不是因为丧失了理想，而是在炫目的世俗生活里，在喧嚣的世俗声浪中，跟随着物质利益的脚步，为金钱、地位、名誉不停地打拼，在走向物质奢华的过程中，他原本纯洁的心灵渐渐蒙上了世俗的尘埃，慢慢淹没在花花绿绿的尘世之中。也许后来，他挣了一个盆满钵满，却发现到手的金钱、拥有的地位、身上的光环却并不是生活的全部，生命中似乎还缺少了点儿什么。反观自己，其实有时候要推开那一扇命运之门，得靠自己的生命直觉，这种直觉并不是一种简单的盲从，而是要依靠一种精神的指引。这种精神源于丰富的心灵世界和深厚的思想储备，也就是平时积累的生活财富所带来的人生历练。与不同的朋友交谈，读的是不同的人生经历和故事，而自己的心灵也在这种交互式的阅读中得到了洗练。

综上所述，在书本的海洋里汲取智慧的精华是阅读；行走在广阔的天地间饱览自然风光是阅读；择朋友真诚以对、倾心交谈也是阅读。阅读，即心灵的思考和旅行，本应广阔地存在。

（马家堡小学　李　静）

第三节 探寻泛在阅读的方法、路径与策略

泛在阅读作为一种新的阅读方式，一个灌注了新时代、新技术的阅读理念，如何落实是每一个实践工作者都需要认真思考和努力践行的问题。探寻阅读路径、方法与策略，是做好这项工作的基本功课。

一、开设泛在阅读课程

著名教育家苏霍姆林斯基曾经说过:"让学生变聪明的办法,不是补课,不是增加作业量,而是阅读、阅读、再阅读。"阅读对于学生成长的重要性可见一斑。学校作为教育的主阵地,提升学生的阅读意识、培养学生的阅读素养是其义不容辞的责任。学校是培养人才的摇篮,课程则是实施教学的奠基石和必要条件。开设泛在阅读课程是明确泛在阅读价值和理念,统筹规划泛在阅读内容体系的动力剂,也是推广泛在阅读,培养并提高学生泛在阅读能力的有效和直接的途径。

课程是在文化传承与发展进程中对学习的系统化预设,[1]其服务对象是学生。《基础教育课程改革纲要(试行)》指出:"实行国家、地方、学校三级课程管理,增强课程对地方、学校和学生的适应性。"学校在执行国家课程和地方课程的同时,应视当地社会、经济发展的具体情况,结合本校的传统和优势、学生的兴趣和需要,开发或选用适合本校的课程。教育部印发的《义务教育课程设置实验方案》通知中则强调:"课程设置应体现义务教育的基本性质,遵循学生身心发展规律,适应社会进步、经济发展和科学技术发展的要求,为学生的持续、全面发展奠定基础。"而开设泛在阅读课程不仅能满足知识经济和终身学习时代对学生的要求,也是对国家课程设置与开发理念的积极响应。

(一)对泛在阅读指导目标的思考与设计

开发课程需要研制泛在阅读的指导目标。这个目标需要结合学校、学生、教师三者综合思考。我们从以下六个方面进行设计。

· 构建科学的、操作性强的泛在阅读指导课的基本课型;

· 建构各阶段学生阅读目标系统,提出科学有效的阅读建议;

· 探索学生泛在阅读效果的评价指标及评价方式;

· 提高学生的综合素养并使其养成终身阅读的习惯;

---

[1] 丁念金. 课程内涵之探讨[J]. 全球教育展望,2012(5).

· 转变、更新教师的教学观、教育价值观、学生观等；

· 建设一支阅读型、学习型、研讨型的教师团队。

（二）开发泛在阅读指导课

根据对泛在阅读指导目标的思考与设计，探索泛在阅读指导课的课程类型，目的是在多样化的阅读指导课中培养学生阅读兴趣，提高学生阅读能力。主要课型设计如下。

1. 绘本阅读课。"绘本"，顾名思义，就是画出来的书，它是以绘画为主、附有少量文字的书籍。图画书是小朋友不可缺少的良伴，世界上所有民族的学童几乎都是从图画书入手开始学习的。绘本阅读课是针对刚走上阅读之路的一年级学生设计的课型。绘本阅读课由教师带领一年级学生走进文字和图画的世界，走进一个充满无限乐趣、丰富而精彩的世界。

2. 品读欣赏课。这是以培养学生鉴赏能力为主要目的的课型。这类课主要选择较为经典的小说、散文、诗歌或精彩时文等，由师生一起品读。赏析的内容一般包括故事中人物丰富的情感世界、作者别出心裁的表达方式、语言文字的魅力……品读欣赏课的主要功能是引导学生在不断地品味和思考、想象与拓展中，将书读得更深入、更透彻，从中学习品读鉴赏的技巧。

3. 阅读方法指导课。这是教会学生阅读技能、技巧的课型。分层、分类是该课型的一个基本原则，也就是针对不同年段的学生确定不同的技能、技巧学习内容。如指导低年级学生学会读书动笔的方法，指导中年级学生学会用读书符号做阅读批注的方法，指导高年级学生撰写读书笔记以及浏览和速读的方法，等等。

4. 读物推荐课。这是以扩充学生阅读面为目标的课型。从推荐者上讲，可以是教师推荐，可以是学生推荐，可以是家长推荐，也可以是其他受邀者推荐。从形式上讲，读物推荐课即通过讲解书籍的主要内容、朗诵精彩的片段、讲述经典的故事等各种形式，向学生推荐读物；也可以是学生将自己喜欢的书拿到班级相互介绍、推荐，相互借阅。需要注意的是，读物推荐课一定是有计划、有安排的推荐活动，需要做出系统的安排，这样才能够引领学生健康阅读，走向"读好书，好读书"的良性循环。

5. 读书汇报课。这是以交流读书心得、体会为目的的课型。它是建立在学生课外广泛阅读的基础之上的。学生通过讨论、演讲、朗诵、表演、讲故事、写读后感等多种形式进行交流与分享，对促进班级自觉阅读风气的形成，具有很高的价值。

6. 阅读综合实践课。这是将课内与课外、读与行有机结合的一种课型。学生在教师的指导下，围绕一个中心话题，收集阅读材料，并对其进行分析和总结，通过动手、动脑、合作等方式形成个人或集体的研究成果。这对打破以灌输知识为中心的课堂教学，培养学生的创新精神、实践能力具有积极的意义。

（三）营造泛在阅读环境

著名教育家苏霍姆林斯基说过这样一句话："我们在努力做到，使学校的墙壁也说话。"实际上，他强调的是隐性课程的影响。隐性课程主要是指除了学校正规课程之外，能够间接地、潜移默化地影响学生的知识、思想、情感和行为的课程。学生阅读素养的发展和提高离不开隐性课程的作用，而营造浓厚的泛在阅读氛围，能够为学生提供一种泛在阅读的导向，激励学生无意识泛在阅读的自觉行为，引导学生成为泛在阅读的实践者。

1. 加强校园文化建设，打造书香校园。校园文化建设是隐性课程建设的主阵地。酷爱阅读的校园，就如同一个"阅读情感场"，可以凝聚人心，凝聚情感，释放情感的感染力、激励力，有效地让学生沉浸在书香里。几年来，我们以校园文化为载体，一直在努力营造阅读的氛围，让学生在浓浓的书香中感受语言文字的魅力，在丰富多彩的活动中体验阅读的乐趣。例如，在学校墙壁上进行彩绘，介绍当地文化风俗以及成语故事；在楼道中悬挂名人、名言等，让学生轻松地阅读到优秀的文字，受到美的熏陶。在校园里，学生们可以随时随地驻足吟诵。

2. 班级是校园文化建设的主阵地，营造书香班级是书香校园文化建设的重要一步。如悬挂、张贴优美诗句来引导学生的行为；精心布置学习橱窗，为泛在阅读提供优秀文本；通过多种渠道募集适合阅读的书籍，建立班级图书角；有的班级还专门开辟了阅读粘贴墙，展示学生的好书推荐、阅读感言。

3. 开展读书活动，留下书香童年。要培育阅读的"育人场"，就需要开展各式各样的独具特色的阅读活动。例如，趣味伴读活动："趣味伴读"旨在通过高年级学生带领低年级学生，"一对一"地开展伴读活动，以提高全校学生的阅读兴趣。亲子共读活动：父母和孩子共同阅读，传递温情，增进亲情。有的学校开展了"亲子讲故事比赛""亲子共读一本书""亲子读书知识竞赛"等系列亲子共读活动，收到了良好效果。"读书节活动"也营造了浓厚的校园读书氛围，倡导学生与书本为友，引领学生在读书中感受学习的快乐，体验成长的乐趣。有的学校定期开展一年一度的"校园读书节"活动，活动内容丰富多彩，形式多种多样，如"跳蚤书市""快乐漂书吧""我的泛在阅读故事"主题演讲等，深受学生、家长的欢迎。

二、加强泛在阅读方法引导

有效的阅读方法能够使阅读达到事半功倍的效果。《论语·卫灵公》有云："工欲善其事，必先利其器。"其义为工匠想要把工作做好，一定要先让工具锋利起来，这里的工具可谓之做事的方法，好的方法就是做事的"利器"。阅读方法，就是人们阅读活动所应遵循的基本原则以及采用的程序、方式、手段，它具有指序、反馈、助动等功能。[1] 有研究表明，阅读技能与阅读动机有很高的相关性。[2] 运用正确、恰当的阅读方法能够提升阅读效率，产生较好的阅读效果，进而提高学生的阅读兴趣和积极性。可见，引导学生掌握恰当、有效的泛在阅读方法具有重要价值。

（一）推荐泛在阅读书目

瑞士心理学家皮亚杰把儿童的认知发展分为四个阶段，分别是感知运

[1] 钟祖荣. 学习方法的要素、结构与功能[J]. 中国教育学刊，1999（1）.

[2] [苏]，库里科，采赫米斯特洛娃. 陈心五 译. 怎样培养学生的学习技能[J]. 北京：人民教育出版社，1988.

动阶段（0～2岁）、前运算阶段（2～7岁）、具体运算阶段（7～11岁）和形式运算阶段（11岁以上）。儿童认知发展是循序渐进的，每一个阶段有每一个阶段的特征，如"具体运算阶段"，儿童开始具有逻辑思维和真正运算的能力，先后获得各种守恒概念，但运算的形式和内容仍以具体事物为依据。[1]这就要求在不同的年龄阶段选择适宜的阅读书籍。在当今这样一个信息极度丰富的时代，无论是纸质书籍还是电子资源都呈爆发式增长的趋势。如何在海量的信息资源中选择有价值，且适应不同年龄阶段学生的阅读资源，是泛在阅读的起点。

1. 营造健康阅读氛围，推荐优秀书目。具体来说，每学期初，各年级教师要根据每个学段的阅读主题以及学生的年龄特点，做好为学生推荐各类优秀儿童读物这一重点工作，包括必读和选读书目推荐；推荐的形式有教师推荐、学生推荐、家长推荐、专家推荐、作家推荐、全校师生投票推荐，等等。

以 XX 学校 2011 年下学期为例，该校为学生推荐了以下读物：一年级学生的必读书目为《小树苗成长必读·陪伴孩子成长的 108 个经典故事》，选读书目为《我有友情要出租》，推荐给家长的读物为《朗读手册》；三年级学生的必读书目为《草房子》，选读书目为《青铜葵花》《细米》，推荐给家长的读物为《幸福的种子》；五年级学生的必读书目为《童年》《城南旧事》，选读书目为《八十天环游地球》《史记》，推荐给家长的读物为《爱和自由》。学期中，各年级教师则围绕推荐的书目给学生进行泛在阅读指导，开展多样化的阅读活动。学期末，教师则对学生一学期必读书和选读书的阅读情况，进行有效检测和评估。书目的推荐活动使学生的阅读过程有方向，有指导，有反馈，有评价，阅读也更具实效。

2. 尊重学生阅读兴趣，赏读名家系列著作。中外儿童文学作家创作了大量适合儿童阅读、反映儿童生活或内心世界的作品。通过一本书认识一个作家，由一个作家认识一类书籍，由一类书籍赏读一类生活，从而认识一个

---

[1] 周祥.潘慧教育心理学[M].天津：南开大学出版社，2014.

世界，收获一种思考。基于这个思想，近年来我们在泛在阅读指导教学中做了新的尝试——"名家专列"赏读。在推荐书目时，我们更倾向于推荐一个作家的一系列的书，如沈石溪动物小说系列、彩乌鸦系列、杨红缨系列、曹文轩纯美小说系列、郑渊洁系列等，一个学期一个年级同读一个作家或一类作家的书，研究一个作家或一类作家的作品，这为年级、班级开展系列读书活动创设了良好的条件。

3. 以课内教材为依托，链接课外读物。叶圣陶说，语文教材无非是个例子，凭借这个例子要使学生能够举一反三，练成熟练的阅读技巧。所以，学校要结合课本，巧用教材的提示、阅读信息向学生推荐与教学内容联系紧密的书籍，以达到巩固知识、拓展阅读的目的。比如，六年级教师在上完《最后一头战象》后，便向学生推荐了该文作者沈石溪的动物系列小说；五年级在学习"忆童年"这一组课文时，教师便向学生推荐了与单元主题相关的高尔基的《童年》、林海音的《城南旧事》以及鲁迅的《从百草园到三味书屋》等阅读篇目。这样的课内、外链接，使学生的视野由课内转向了课外，从而使其获得了新知，提高了阅读的能力。

（二）泛在阅读方法指导

阅读的方法多样，不同类型的书籍有不同的阅读方法。中小学生处于获取基础知识的重要阶段，也是形成良好的阅读习惯，掌握正确、高效的阅读方法的关键时期。教师作为学生的引导者，要在学生课内、外的泛在阅读过程中，积极指导并培养其学会运用不同的阅读方法开展泛在阅读的能力。下面我们所要谈的是几种常用且有效的阅读方法。

1. 选读法。这种方法的运用一般是根据学生在课内学习或写作上的某种需要，有选择地阅读有关书报的相关篇章或部分内容，以达到学以致用的目的。学生要学习描写人物的技法，教师就可以让学生读一读优秀的描写人物的文章或段落，积累描写人物的好词、好句。比如《小英雄雨来》这篇文章中对雨来的描写"像条泥鳅……""像小鸭子一样……"，描写敌人时"像鹰的爪子……"，不同的比喻表达着不同的感情，学生要善于根据学习任务来选择课外阅读材料，这样，课外阅读与课内阅读就形成了互补的关系。

2. 精读法。所谓精读法，就是对某些重点文章、重点段落，集中精力，逐字逐句地、由表及里地进行阅读的方法，它是培养学生阅读能力最主要、最基本的手段。精读法要求学生全身心地投入，做到口到、眼到、心到、手到，边读、边想、边批注，逐渐养成认真、细致读书的好习惯。四年级的学生大都喜欢看童话，教师就推荐学生看《绿野仙踪》《张天翼童话》《郑渊洁童话》……这些童话不长，学生兴趣会更加浓厚，而且童话中大多隐藏着一个道理，学生可以自己去体会。又因为这些童话是学生喜欢的，所以他们在看的时候也愿意去批注、勾画和积累，这无形中提高了学生的阅读能力。

3. 速读法。速读法就是对所读的书籍或文章快速地观其概貌，是不发音、不辨读、不转移视线的阅读方法。这要求学生在快速地浏览中，高度集中注意力，快速阅读。利用速读法，可以做到用最少的时间获取尽量多的信息。如果我们的学生只会字斟句酌地读书，就很难适应社会飞速发展的需求。

4. 摘录批注法。这种阅读法就是在阅读过程中根据读者的需要将有关的字、词、句、段乃至全文摘抄下来，或对阅读的重点、难点部分画记号，作注释，写评语。俗话说的"不动笔墨不读书""好记性不如烂笔头"就是指在阅读时需要停下来，做点儿笔记。这样做的好处在于：文章中富有教育意义的警句格言、精彩生动的词句、段落，经过摘录，积存进自己的"数据库"中，它不仅为以后的写作准备了丰富的语言材料，更重要的是，通过词汇、语段等的摘抄，其中蕴含的人生智慧、睿智思想就慢慢沉淀下来了。很多大作家都有这样的好习惯。比如，俄罗斯著名作家列夫·托尔斯泰就是这样做的。他曾说过：身边永远要带着铅笔和笔记本，读书和谈话时碰到的一切美妙的话语都要把它记下来。

此外，还可以运用剪贴法，将自己订阅的报纸杂志中好的文章剪裁下来，粘贴到自己的读书笔记中。边读边思，边思边读，读思相随。在阅读过程中，要学着用自己的知识和阅历去审视、对比、评判书中的内容，并及时记下自己读书的感受和疑惑。总之，读书要做到"手脑并用"，阅读才会变得更精彩、更有实效。

不管用什么样的阅读方式，其目的都是希望学生能把被动阅读的态度变成一种"我要读""我爱读"的一种主动阅读的态度。

【案例】

夯实阅读指导，落实"泛在阅读"

人才源自知识，而知识的获得跟广泛的阅读和积累密不可分。我们不能不深思：在这个知识面极度广阔、信息海量的"泛在阅读"时代，应该如何及早引导学生去正确面对纷繁复杂而又丰富多彩的阅读世界，博览群书，开阔视野，丰富学生的知识储备，不断提升学生的整体综合素质，从而使学生的身心得以健康成长，潜能得以充分地发掘？下面，笔者将结合自己的教学实践，就如何引导学生进行课外阅读谈谈个人的浅见。

一、夯实阅读的指导策略

（一）关注阅读内容的丰富性

根据小学生的阅读兴趣爱好和年龄阶段特征，在充分尊重课标规定和各学段学生的认知基础之上，调整并完善学生课外推荐读物目录，对课外阅读素材进行合理的选择，这样可以减少学生阅读的盲目性，从而提高阅读质量。

（二）关注阅读材料的愉悦性

在一篇关于"小学生如何成功阅读"的文章中，作者谈到，"在浩瀚的书海中，学生究竟该读哪些书呢？最关键的是要读有用的书，这也是家长和老师的共同心愿"。大多数家长甚至包括很多教师都单纯地认为学生多读课外书，其作用和目的在于使学生能写好作文，因此，作文书成了家长给孩子的首选读物，学生口袋里仅有的课外书中，几乎都是作文之类的书。尽管如此，学生的作文水平与所看作文书籍的数量却并未成正比。作文书固然有它的实用价值，但对于学生而言，缺乏一定的趣味性，这种"有用的"书的目的性过于明确，学生读来，缺少了愉悦之感，读起来枯燥乏味，使刚刚"逃离"了教科书这一痛苦深渊的小读者，又跌进了另一个深渊。因此，为了呵护孩子们的阅读热情，教师在给学生推荐读物时，要把读物的趣味性摆在首位，提倡"快乐阅读"。而要实现快乐阅读，材料首选当属儿歌、谜语、童话之类的书籍。儿歌是学生接触最早的文学作品，其语言天真、自然、活泼、轻快，学生阅读这样的作品，能在精神上获得一种愉悦。因此根据学生的年龄特点，小学低年段的孩子，适合阅读这样的读物，他们往往对这类书籍的阅读也是乐此不疲，兴致盎然的。

（三）关注思考材料的延伸性

针对不同的教学年段，教师可根据课内教材，针对不同的阅读目标，不同学生情况，拓展相关阅读素材。教师向学生推荐的书目要兼顾思想性和知识性，结合语文教学的实际，合理安排阅读的"量"和"质"。在小学高年段，入选教材的文章大多是一些名著名篇，可以让学生选取这些名家的作品进行课外阅读，教师在课堂教学中适当拓展、引导，如在学习了教材中的《居里夫人的三克镭》后，教师可以讲一讲居里夫人的其他故事及诺贝尔奖的其他获得者的事迹，从而激发学生去阅读《居里夫人传》和其他诺贝尔奖获得者等名人故事的愿望；再如，教学《鲁滨孙漂流记》《汤姆·索亚历险记》这些能激发学生兴趣的课文时，教师可抓住学生的心理，激发、引导学生课后完整地去阅读这些作品。

不管孩子读什么书，有一点值得注意，那就是不要轻易限制孩子读书的内容，只要是孩子感兴趣的，就要鼓励他读下去，放手让孩子去读他自己喜欢的读物，不用过多地去担心读物的是否高雅，在少儿读物中，其思想倾向一般是纯洁健康的。

二、夯实阅读的拓展途径

鲁迅先生在《给颜黎民的信》中对读书有一段精彩的论述："必须如

蜜蜂采蜜一样，采过许多花，这才能酿出蜜来。倘若叮在一处，所得就非常有限、枯燥了。"这话讲得可谓精妙无比！因为学生手中的图书，远远不能满足他们的阅读需求。在这个"泛在阅读"时代，阅读，无不存在，因此，教师得广开渠道。

（一）开展横向交流

为了使学生能真正实现"悦读"，在每学期初分发给学生的"课外阅读情况调查问卷"或者在读书咨询活动中，应充分了解他们对课外阅读的态度及课外阅读的需求，并据此添置相关书籍，使"班级图书架""流动书吧""学校图书室"成为孩子们阅读的乐园。在保证一定图书数量的基础上，提倡生生互动，定期横向交流，资源共享，使之广采博闻，开阔视野，扩大阅读量，勤采百花蜜。

（二）拓宽阅读通道

在信息时代，海量的信息在分秒之间铺天盖地地席卷而来。怎样才能与时俱进？仅靠一本书，已跟不上时代的步伐了。纸质、电子等这些不同阅读资源的载体，都是学生获取信息、进行阅读的高效通道，不论是从文学的角度还是语用的角度，均能让学生受益匪浅。但在这"乱花渐欲迷人眼"的阅读态势中，还应引导学生用心去甄别：哪些读物有益？哪些读物无益？并用双眼去欣赏：所读之物好，好在何处？对自己有何益处？只有这样才能使学生正确地行走在阅读的高速通道上。

（三）跨越阅读时空

快节奏的生活，使得我们常常感叹时间流逝之快。学生亦如此，繁重的学习任务、沉重的课业负担，使得他们的阅读时间大大缩短。怎样才能让学生在有限的时间内进行尽量多的阅读呢？碎片化阅读不失为一个好的方式。"不积跬步，无以至千里"，只要有零碎的时间、合适的机会，虽然只选取片段，精读其一点，但日复一日，阅读有了量的积累，学生的个人素养也会有质的飞跃！

三、夯实阅读方法的指导

"授人以鱼，只供一饭之需；教人以渔，终身受用无穷。"仅是课堂上的阅读远远不能达到"泛在阅读"时代的高密度、大容量阅读的要求，因此，教给学生课外阅读的方法尤其重要。

（一）摘录批注，注重积累

这种阅读法就是在阅读过程中根据读者自己的需要将有关的字、词、句、段乃至全文摘抄下来，或对阅读的重点、难点部分画记号，做注释，写评语。俗话说："不动笔墨不读书。"文章中富有教育意义的警句格言、精彩生动的词句、段落等，都可以摘录下来，积存进自己设立的"数据库"中，为以后的写作准备丰富的语言材料。同时还可以将自己订阅的报纸杂志中的好文章剪裁下来，粘贴到自己的读书笔记中。在阅读的过程中，要学着用已有的知识和阅历去审视、对比、评判书中的内容，并及时记下自己读书的感受和疑惑。总之，读书要做到"手脑并用"，阅读才将会变得更精彩、更有实效。

（二）不同体裁，不同读法

在阅读文章时，要让学生知道不同体裁应用不同读法：读童话、寓言时，要侧重抓住人物形象、故事情节和语言特点；读诗歌时，则要重点体会诗歌中的优美意境；读科技读物时，则要注意其应用价值和一些数据理论等。总之，阅读材料的文体不同，所采用的阅读方法也不一样；阅读的目的不同，阅读的方法也不同。我们应该注重引导学生根据自身不同的阅读习惯、阅读目的、阅读性质，选择合适的阅读方法。

（三）既有精读，又有略读

精读法，就是对文章逐字逐句精思、熟读的方法。元代的程端礼说："每句先逐字训之，然后通解一句之意，又通解一章之意，相接连作去，明理演文，一举两得。"也就是说在遇到经典文章的时候，在反复朗读之后，要对所读文章认真体会，以理解所读的内容，并领悟其中的道理，学习体会作者是如何遣词造句、谋篇布局的。而略读法就是对所读的文章快速浏览，以了解其大致内容。这种方法尤其适合学生在搜集、处理信息的时候运用，这样既可以省下大量的时间和精力，又可以在最短的时间里获取最有价值的信息。只有把精读和略读有机地结合起来，才可以让学生在有限的时间内，获得自己最需要的知识。

引导学生广泛地进行课外阅读，是"泛在阅读"时代的要求，更是学生终身学习和发展的需要。因此，作为语文教育工作者的我们更应夯实对学生的阅读指导，以期美好将来。

（马家堡小学　张春燕）

三、提升泛在阅读量

2013 年我国的一项调查显示，一半以上的成年国民认为自己的阅读量比较少，60% 以上的国民希望当地有关部门举办阅读活动。[1]整体来看，虽然我国国民有着比较强烈的阅读意愿，但实际上对自身的阅读量并不满意。阅读量在一定程度上能够反映一个人的知识量，《义务教育语文课程标准（2011 年版）》就对中小学生的阅读量做了明确的规定：（小学 3～4 年级学生）养成读书看报的习惯，收藏图书资料，乐于与同学交流。课外阅读总量不少于 40 万字。然而，需要强调的是，提升阅读量并不意味着只是把书"翻一遍"，保证阅读效果才是最根本的要求，也是涵养学生精神谱系的基础和必由之路。

（一）提供适合各年段学生的阅读书目

别林斯基曾说："阅读一本不适合自己阅读的书，比不阅读还要坏。我们必须会这样一种本领，选择有价值、最适合自己所需的读物。"目前，市场上的图书良莠不齐。在名目繁多的书海中，让辨别能力有限的学生来挑选出适合自己阅读的课外书实为难事。所以在学生阅读的过程中，学校和教研机构要不断挑选出适合各年段学生阅读的优秀书目供学生有选择地阅读。

我们应该为学生挑选怎样的书呢？

---

[1] 焦雯 . 第十一次全国国民阅读调查显示：多数国民认为自己阅读量偏少 [N]. 中国文化报 ,2014（1）.

第一，引领学生亲近经典。净化和丰富学生的精神世界，阅读经典无疑是最正确的路子。人们普遍认为，幼小的心灵纯净美好，阅读经典名著可以激发他们对文化的向往，温暖他们的心灵，激发他们心中善良、温柔的一面。从这个角度看，古今中外的经典名著都应该进入推荐名单。

第二，拓宽推荐书目的领域和范围。我们知道，一个人的精神世界丰富与否直接影响他（她）对生活事件的感知度，而一个人的底蕴和格局则将大大影响他（她）在自己所处领域取得成就的大小。一个只关注自我命运的人与关注社会、民族、信仰的人相比，谁的格局会大一些？将来谁对社会的回报会更大一些？短时间内，或许还发现不了什么，但时间长点儿，其分别一眼便知。因此，如果在童年期能有意识地通过阅读涵养儿童性情，丰厚其底蕴，拓展其格局，将对儿童当下和将来的生活产生重要的积极影响。比如，一个人读了大量文学类书籍，他便会拥有善感、细腻的个性；一个人如果从小受到历史、哲学书籍的启蒙，他一定会拥有比较开阔的人生视野和悲悯的情怀；一个人如果特别喜欢阅读诗歌，那么他一定会拥有丰富的想象力……因此，推荐书目除了文学类的书籍外，还要涉及艺术、历史、哲学等领域的书籍，让儿童能汲取多样化的文化营养。

第三，推荐学生喜欢读的书目。一本真正的好书，一定是愉悦性与教育性的统一体，凡是有益于学生身心发展，并且被学生们乐于接受的书籍都应看作好书。当前，国内外儿童书刊可谓汗牛充栋，教研机构或者学校应从中遴选出学生喜爱的、有益于学生成长的书籍推荐给学生阅读。

（二）提供丰富的阅读资源

一方面，加强学校图书馆建设。根据相关要求，以学校现代图书馆为依托，建构线上、线下阅读系统，促进校园文化建设，营造书香校园氛围，将成为学校教育的必然趋势。因此我们必须加强学校图书馆建设和阅览室建设，让图书馆发挥应有的作用，真正成为学生学习的好帮手。学校可以尝试建立开放式图书广场，每班配备图书架，重视超文本图书馆的建设。

例如：重庆市渝中区人和街小学利用四年时间研究制订了《人和街小

学儿童阅读书目60本（必读）》和《人和街小学各年级泛在阅读书目推荐》，学校图书室在相关部门的关心下，新购置了两万多册优秀儿童读物，为提升学生的阅读量奠定了坚实的基础。

另一方面，发挥网络资源优势，拓宽阅读渠道。在互联网已成为教育的重要渠道的时代，回避网络教育的力量无疑是跟不上时代的步伐的。网络为学生的阅读提供了广阔的空间和丰富的素材。在宏观层面，教育及其相关部门应该整合网络优质资源，集合公共资源力量，构建适宜本地需求的数字资源库；在中观层面，各个学校可筹建和共享各校网络图书馆，为学生提供更多的、健康的阅读平台和空间；在微观层面，教师应不断提升自己的综合素养，尝试泛在阅读与信息技术融合的新方式，引导学生通过各种渠道和多样化平台获取阅读资源，并进行及时反馈与交流。

（三）保证阅读的有效时间

第一，加强教研，落实"减负提质"。加强教学研究，进一步落实"减负提质"工作，为学生泛在阅读争取时间和空间。一是要保证学生的校内读书时间，即把课外读物请进课堂。这就要求教师把握好学科教学要求，努力改进教学方法，切实提高教学效率，真正做到精讲多练，注重减轻学生过重的作业负担，给学生提供足够的自主阅读时间。二是要保证学生的课后读书时间。教师要科学设计一些引导性的作业和活动，规范学生的阅读行为，激发学生的阅读兴趣。比如，可让学生根据自己的需要做摘录；可让学生相互提问题；可让学生自办手抄报；还可让学生编课本剧、编小品等。

第二，将泛在阅读纳入教学计划。一是要利用好每天晨读的十分钟。早晨是人一天里记忆力最好的时段，所以晨读可以使学生的阅读事半功倍。从学、记、说的角度来看，晨读的好处有很多，它是增长知识，积累语言的大好时光，长期坚持还可以增强学生的语感。学生时时读、处处读，将会使其受益终身。二是在校本课时计划中安排班级读书会。由专职教师任教班级读书会，将阅读策略指导落到实处，这样可以极大地保证学生的阅读时间和阅读质量。三是在学校自主课程中开设阅读欣赏课，拓展学生的阅读视野，同时这也是对语文综合性知识的拓展和丰富。比如，人和街小学目前的自主课程活动就开设了以对对子、猜谜语、背儿童诗、读犹太文学经典与儿童成长故事等为主要内容的自选课程，深受儿童的喜爱。

第三，加强家校沟通。学校、家庭和社会密切联系能有效拓展学生的泛在阅读渠道。学校是学生泛在阅读的起点，家庭和社会能为学生的泛在阅读提供更大的空间。让阅读成为学生的生活方式和生活中的重要内容是我们想要达成的阅读目标。学校应做好宣传发动工作，通过多种形式帮助家长树立正确的阅读观念，掌握正确的方法，让社区也积极地参与进来，从而为学生全力营造浓郁的家庭和社区阅读氛围。

比如，发放"致家长的一封信"和"学生喜爱的书"的调查表，让家长明白泛在阅读的重要意义；邀请家长到学校参加读书活动、班级读书会，分享学生的读书收获；请家长介绍学生的读书经验，举办"书香家庭"专题讲座；引导家长开展"亲子阅读"活动，争取广大家长的支持，等等。

人和街小学于2011年和2013年分别将薛瑞萍、曹文轩、杨红樱请进学校来给家长举办"亲子阅读"讲座，受到家长的热烈欢迎，极大地改善了该校儿童阅读的外部环境。

（四）着力培养学生的阅读兴趣

爱因斯坦说："兴趣是最好的老师。"激发与调动学生的阅读兴趣是增加泛在阅读量的前提和基础。培养学生的阅读兴趣，可从以下几个方面着手。

首先，尊重学生的阅读需求。学生是阅读的主体，离开学生，我们提倡的泛在阅读就显得毫无意义。学生因为年龄、性别、性格、心理特点和学段等方面的差异，其阅读的需求各不相同。一般来讲，小学低、中年段学生的阅读内容应以童话、神话、寓言、民间故事为主，而小学高年段学生则应以传记、传奇、惊险小说等书籍为主；女同学一般喜欢看有故事情节的书，男同学则对史地、体育、军事、科学方面的书感兴趣。所以，教师推荐的读物应满足学生的阅读需求，适应学生的实际需要。

其次，开展读书鉴赏课、汇报课等。开展各类读书课的目的就是要给学生搭建一个交流、分享的平台。儿童都比较喜欢分享自己的阅读体验，在这个过程中他们会不断习得阅读技巧，发现自己、完善自己，并由此变得更加热爱阅读。

最后，邀请作家或者阅读推广人举办读者见面会、阅读沙龙等活动。这种活动的效果非常好。当学生看到自己崇拜的作家或者名师来到自己身边，会惊喜万分，会对阅读产生更大的兴趣。

（五）重视阅读评价的引领作用

前文已强调，提升阅读量并不意味着只是把书"翻一遍"，保证阅读效果才是最根本的要求，也是涵养学生精神谱系的基础和必由之路。那么，我们如何知晓学生泛在阅读的情况和质量呢？这就必然说到对泛在阅读的评价。对泛在阅读评价的研究不仅仅能够检测学生的泛在阅读质量，同时它也为进一步诊断、改进与完善泛在阅读方法和策略提供了依据。但目前我国在对学生的阅读评价实践中却存在种种问题，如阅读文本缺乏选择标准、评价标准单一等。[1]

泛在阅读的评价内容具有全面性和综合性,既包括评价学生的阅读能力，还包括考察学生的阅读兴趣、阅读过程、方法和情感态度等多方面的内容。从国际范围来看，国际阅读素养进展研究项目（PIRLS）、国际学生评估项目（PISA）以及美国国家教育进展评价项目（NEAP）是国际上三个比较著名的阅读水平评价项目。[2]这三个项目都是围绕阅读素养展开评价(估)的。

PIRLS 提倡阅读各类型有价值或经典的书籍，以阅读为纽带参与学习、日常生活等，从而进行意义建构。[3]PISA 强调学习动机与学习反思，能够实现书本材料与现实实践的良性互动。[4]NEAP 认为，阅读是一个动态的、复杂的认知过程，在这个过程中，阅读者能够不断提升自己的阅读理解力，也

---

[1] 杨清. 贴近学生的真实阅读:国外阅读评价分析——以 PIRLS、PISA 和 NEAP 为例[J]. 外国中小学教育，2012 (5).

[2] 倪文锦，郑桂华，叶丽新. 阅读评价的国际借鉴[J]. 课程. 教材. 教法，2014 (12).

[3] I.IEA. *PIRLS 2006 Assessment Framework and Specifications*[M]. TIMSS&PIRLS International Study Center, Lynch School of Education, Boston College.

[4] OECD. *PISA 2009 Assessment Framework Key competencies in reading, mathematics and science* [M]. 2009.

能恰当地运用意义来满足不同的文本类型、阅读目的和阅读情境的需要。[1]

由上述分析不难发现，不同的阅读评价（估）项目对于阅读素养和能力有不同的理解和侧重点，但是它们都强调要通过阅读行为，联通书本内容与现实实践，在二者的互动中提升学生的阅读素养与实践能力，从而进行有效的意义建构。因而，我们在构建阅读评价体系过程中，应当反映学生的实践活动与日常生活，并以提升学生阅读能力和阅读素养为目的。

此外，要将评价（估）目的贯穿于阅读评价始终。明确评价（估）目的是构建青少年阅读评价体系的基石，因为评价（估）目的决定了评价主体的选择以及评价内容、评价对象、评价方法的确定。[2] 我们认为，泛在阅读评价的根本目的在于提升学生的阅读能力和阅读素养，同时在泛在阅读过程中强化阅读与实践的互动性，这也是泛在阅读的出发点和归宿。在激发学生的泛在阅读兴趣、引导学生掌握泛在阅读方法直至泛在阅读评价的过程中，我们应始终紧扣这一目的，使阅读行为与阅读评价相互补充，结伴前行。在这一过程中培养学生浓厚的阅读兴趣和爱好，促进其实践能力的提升，以帮助学生培养阅读自信心和自我效能感。

最后，要使用多种评价方法，如真实性评价与表现性评价。真实性评价是指在真实的生活环境中评价学生的阅读表现。表现性评价是在具体的阅读活动中，定期观察和评价学生的表现。无论是真实性评价还是表现性评价，两种评价方法都需要考虑阅读者、阅读环境和阅读内容三者关系，才能进行有效评价。

第四节　培养泛在阅读的良好习惯

一、泛在阅读习惯养成策略

叶圣陶说："教育是什么？往简单方面说，只需一句话，就是要养成

[1] National Assessment Governing Board U.S. Department of Education. Reading Framework for the 2009 National Assessment of Education Progress[EB/OL]. (2010-02-23)[2011-12-25].

[2] 周同，谢欢. 青少年阅读评价体系初探[J]. 图书馆理论与实践，2015 (6).

良好的习惯……在德育方面，要养成待人处事和努力工作的良好习惯；在智育方面，要养成寻求知识和熟悉技能的良好习惯；在体育方面，要养成保护并促进身体健康的良好习惯。"咱们社会主义社会的教育，就是要使学生养成社会主义社会生活的一切良好习惯。新版《中小学生守则（2015 年修订）》中也增添了阅读习惯的内容——"乐于科学探索，养成阅读习惯"。这样，阅读习惯的培养也越来越受到更多学者和教育工作者的关注。习惯对于教育与阅读的作用不言而喻，好的阅读习惯将会让孩子受益终身。

习惯是人们在社会生活中逐渐形成的一贯的、稳定的行为方式。[1] 阅读习惯具有生成性、固定化、自动化和情感依赖的特点，也就是说，"阅读习惯不是天生的"，而是通过后天的训练和培养逐渐形成的，"从心理机制上说，阅读习惯是经过长期的强化和积累，最终建立起来的一种关于阅读行为的自动化和定型的条件反射系统"，通过有意识或无意识地多次重复都可以形成习惯，一旦形成就会稳定下来，倘若要改变它就会产生心理不适应感。[2]

明确阅读习惯的意义是培养良好习惯的前提，也是增强阅读意识的基础。学生最开始进行阅读的时候会受其自身理解能力、意志力等因素的影响，无法达到较好的效果，这会挫伤学生进一步阅读的积极性。教师应当抓住这个关键点，一方面要鼓励与引导学生不要轻易放弃，通过列举案例等，让学生明白阅读习惯的养成对于他们以后的成长具有重要意义。如著名科学家爱因斯坦从小就养成了阅读的习惯，11 岁时，他就读完了一套通俗科学读物，并对科学开始产生兴趣；12 岁时，他又自学了欧几里得几何；13 岁时，他就开始阅读康德的哲学书籍了。这种阅读习惯促使其一步一步走上科学研究的道路，并取得了巨大成功。另一方面，教师、家长应当尊重学生的自主选择，支持他们的选择结果和决定，并且能够理解他们的感受。当然，给学生适当的选择机会并不意味着放任不管，而是在尊重、支持学生自主选择的前提之下提供引导和帮助。当他们感觉到自己的选择得到了老师和家长的支持

---

[1] 金炳华. 哲学大词典（修订本）[Z]. 上海：上海辞书出版社, 2001.
[2] 申仁洪. 学习习惯：概念、构成与生成 [J]. 重庆师范大学学报（哲学社会科学版）, 2007 (2).

时，会激发和增强其自主阅读动机和阅读兴趣。

学校是学生养成泛在阅读习惯的主阵地，创造良好的阅读环境，合理设计与安排学生在校阅读时间，能够有效培养其泛在阅读习惯。

首先，要将课内阅读、课外阅读有机结合起来，引导学生尽可能多地进行阅读。教材内容是主要教学任务，教师应当充分利用教材，通过精读训练，帮助学生掌握基本的阅读方法。在此基础上，结合教材内容，教师应引导学生进行广泛的泛在阅读。中学生和小学高年级的学生会选择阅读一些名著或逻辑性较强的推理小说等，而低年级的学生倾向于阅读童话、笑话和卡通漫画等。虽然并不能排除特殊情况，但这大致是与学生的年龄发展阶段相符的。因此，教师需要结合学生的年龄、性格特征为其提供合适的课外阅读材料。

第二，提供观摩展示课，提供补充、推荐阅读材料，让每个班级在固定的时间对学生进行泛在阅读的课内指导与交流互动，以增强阅读实效性。2012年11月，某知名作家参加了某学校的读书节活动。该日上午，四、五年级全体学生举行了"我读书、我快乐"的演讲比赛。下午，在学校读书比赛的决赛现场，由全校推选出来的十六名优秀选手与大家分享了自己读书的故事：既有"窃读"的欣喜，又有畅读的快乐；既有生活的感悟，又有理想的展望；既有知识的拓展，又有个性的张扬；既有读书方法的交流，又有好书的推荐……从真实、生动的事例中，从声情并茂的演讲中，我们看到了他们对书籍的渴望，感受到了他们对书籍的痴迷。他们在阅读中增长了知识，体验了成功，享受了快乐。

第三，举办丰富多样的读书活动。通过读书活动，也能培养和激发学生的阅读意识和兴趣，内化对知识的理解。如开展学生与学生换书（漂书）活动。

2012年4月，中山小学以五年级教研组为主要承办单位，以"在对比中阅读，在阅读中拓展"为主题，开展了一次关于泛在阅读课题的教研活动。

本次教研活动以《威尼斯的小艇》为例，展示了五年级教研组在校本教研中对泛在阅读课题的一些具体操作方法——让学生在课前收集资料，养成课前预习的好习惯；在课堂上挖掘阅读因素，逐步渗透阅读方法，并结合课文链接进行比较阅读，适当拓展课外知识，从不同角度去认识和了解威尼斯这座水上城市美丽而独特的风光；在课后引导学生根据自己的兴趣自主阅读，进一步了解威尼斯及其他国家的风光与异域文化，以陶冶其审美情趣，愉悦其身心。

接着，五年级教研组组长晏杰老师与其他老师一起分享了杭州特级教师、杭州天长小学副校长蒋军晶《和学生们聊书吧》的讲座精髓：让学生爱上完整阅读，让他们"静"下来，为其写作打下基础。同时，通过提开放一点儿的问题，提生活一点儿的问题，提美感一点儿的问题，聊学生们喜欢的动物小说、幻想小说、成长小说等方法，和学生聊整本书，让学生爱上书，爱上阅读。最终让学生、家长和教师都养成泛在阅读的习惯。

校外活动也是读书活动的重要方式之一。在条件允许的情况下，学校可以组织学生去旅行，一路行走，一路阅读。正如毕淑敏说："每个人出生的时候都是蝌蚪，长大了都变作井底之蛙。这不是你的过错，只是你的限制，但你要想办法弥补。要了解世界，必须到远方去。旅游是需要花钱的，谁都知道。旅游的好处却不是一眼就能看到的，常常需要日积月累、潜移默化地蓄积。有人以为旅游只是照一些相片、买一些小小的工艺品，其实不然。旅行让我们的身体感悟到不同的风和水，我们的头脑也在不同风情的滋养下变得机敏和多彩。目光因此老辣，谈吐因此谦逊。"

第四，循序渐进，耐心等待。阅读的效果并不是立竿见影的，可能需要很长时间才能显现出来，也有可能我们并不知道学生的某些变化是否与阅读有关。因此，教师和家长能做的就是客观地站在学生的立场进行思考，不管他现在读的是什么，不管他在什么情况下阅读，也不管他读了多少，我们都不能刻板地从自己的角度出发进行判断，武断地进行批评、阻止，而应以学生为本，以发展的眼光和赏识的态度对待每一个学生。

二、注重家庭的作用

良好的阅读习惯并非一朝一夕就能形成的，而是通过一点一滴积累而成的，这就需要对学生按部就班地进行指导，还需要学校和家庭之间的有效配合。在学校，教师引导学生形成良好的阅读习惯，并通过课堂内的精读过程和强化训练，帮助学生掌握阅读的有效方法，使学生对阅读有一个整体性的了解和有计划的训练。当学生回到家里后，就需要家长对学生进一步引导和训练，这既是一种巩固，又是一种行为习惯的强化。

实际上，家庭对于孩子阅读习惯养成的作用早已被关注。2015年教育部专门出台了《教育部关于加强家庭教育工作的指导意见》（后简称《意见》），《意见》指出了家庭教育工作的重要意义："家庭教育工作开展得如何，关系到孩子的终身发展，关系到千家万户的切身利益，关系到国家和民族的未来。"同时指出，"小学生家长要督促孩子……养成良好生活自理习惯和学习习惯……中学生家长要……培养孩子积极学业态度……"

上海师范大学应用心理学系曾对300多名青少年的亲子关系与心理健康状况做了相关研究，其研究的结果表明，"80%以上的青少年家庭至少存在一种不良的亲子关系，其中最突出的类型为期待型亲子关系、溺爱型亲子关系和不安型亲子关系"，亲子关系令人担忧。[1]该研究针对不良的亲子关系提出要加强学校和家庭之间的沟通，发挥学校及舆论的作用的建议，以促进良好亲子关系的形成。这一调查充分证明了学校教育与家庭教育之间的水乳相融、不可割裂的密切联系。在学生的泛在阅读习惯的培养中亦是如此，仅仅依靠学校是很难建立起泛在阅读的良好习惯的。

相关研究表明，"在家庭环境中，家庭的和睦程度、文化背景、经济状况对小学生行为习惯的养成与发展有着重要的影响。培养小学生良好的行为习惯，需要不断改善家庭和睦的程度、家庭的文化环境与家庭的经济状况"。[2]营造良好的家庭环境，培养孩子的泛在阅读习惯，是促进孩子健康成长的方

---

[1] 吴念阳，张东昀．青少年亲子关系与心理健康的相关研究[J]．心理科学，2004．
[2] 李娜．小学生家庭环境与行为习惯养成的相关性研究[J]．教育理论与实践，2011 (17)．

式，同时，这个过程本身也是家长与孩子相互交流、沟通，促进健康和谐的亲子关系生成的过程。影响学生阅读的家庭因素还包括家庭的藏书情况、家庭的阅读活动、家长的阅读习惯及态度等，针对上述情况，我们提出从以下几个方面加强家庭对学生泛在阅读习惯的延伸培养的方法。

第一，家长要掌握一定的阅读引导方法，注重在儿童早期进行家庭阅读的指导。任何一个人首先进入的是家庭环境，家庭对学龄前儿童的学习、生活习惯的养成具有极其重要的作用。因而，在儿童早期泛在阅读的培养方面，家庭具有得天独厚的优势。根据相关研究，儿童四岁以前的阅读指导应该"侧重于口语词汇量的扩展，阅读兴趣、习惯的培养和语音敏感性的提高"。[1]这可从这几方面着手：一是增加藏书数量，书籍数量的增多会让孩子接触阅读的机会增多，便更容易让孩子把阅读作为一种常规性的活动，而不是需要付出很大努力才能完成的事情；二是遵循孩子的身心发展特征，提供多样化的阅读手段和资源，如针对年龄较小的孩子，家长可以购买一些绘本图书、影视作品，以增强孩子的阅读理解能力和阅读兴趣；三是注意适当的引导。既要教导孩子如何读书，教给孩子一定的读书方法，又要在真实、生动的生活情境中，引导孩子进行联想与思考，进而培养孩子语言、思维、想象等综合性能力。

第二，家长要言传身教。古语："以身教者从，以言教者讼"便可译为既用言语来教导，又用行动来示范。我国古代出现了很多言传身教的案例，如明清徽商家庭内部的教育，就是既注重言传，又强调身教，通过言教和身教有机结合，律己和教子良性互动，提高了家庭教育的质量。[2]言传身教的价值在当今社会依然巨大。一个爱读书的家庭，一般会有一个爱读书的孩子。家长应当在言传的基础上，以身作则，在潜移默化中教导孩子形成良好的泛在阅读习惯。中小学生因为意志力还比较薄弱，很难对一件事情保持长久的热情。这就需要家长参与其中，如果家长能够与孩子一同阅读书籍，对孩子

[1] 王台珍．浅谈家庭早期阅读的指导 [J]．浙江青年专修学院学报，2008，24 (3)．
[2] 宗韵．从文献资料看明清徽商家庭内的言传身教 [J]．江淮论坛，2007 (2)．

在阅读中有难度、有疑问的地方及时进行指导和答疑，并对书中的论点展开讨论、交流，不但能延长和增强孩子的阅读时间和阅读兴趣，还能加深孩子对所读内容的理解，达到更好的阅读效果。

第三，开展家庭阅读及家校亲子阅读活动。从世界范围来看，各个国家都十分注重家庭阅读活动及家校亲子活动的开展。欧美部分国家从十八九世纪开始就有一种传统：一家人在夜晚灯下，彼此朗读一段文字给家人听。这种提倡和孩子一起读书的传统可谓最早意义上的亲子阅读。亲子阅读概念是 20 世纪 60 年代新西兰教育家赫达维等人提出的，它是指在轻松愉快的亲密气氛中，成人和儿童并非以学习为主要目的地共同阅读的一种类似游戏的活动。[1] 为此，我们一方面，要大力倡导亲子共读，努力构建书香家庭。另一方面，学校应对家长进行具体的指导，如各年级教师定期与家长通过 QQ 等渠道交流学生的阅读情况，提出阅读建议；积极为家长建立相互交流的平台，开展家庭阅读之家长征文活动，成立班级家长读书委员会，举行家长读书专题讲座等。此外，还应当加强学校与家庭之间的沟通、交流，组织形式多样的亲子阅读活动。学校要号召家长积极参与到学校的阅读活动中来，如邀请家长参加读书节活动，参与"书香家庭""好家长"的评比等。

三、强化泛在阅读反思

反思的思想观念最初起源于哲学领域，通常被认为是精神的自我活动与内省的方法，实质上是具有反省性、探究性的批判性思维。后来，反思被逐渐纳入元认知概念的范畴。虽然学术界对反思性学习的界定还没有形成统一的认识，但反思始终是反思性学习的核心内容。对反思性学习的界定：在特定的学习情境下，学习者以元认知为指导，自觉地对自身认知结构、学习活动及其所涉及的相关因素进行批判性审视，对将要开展的学习活动进行创造性的预见，对学习活动过程中发现的问题进行科学性的探究，对整个学习过程进行有效的调控，从而促进问题解决、学会学习、自我发展的学习活

---

[1] 胡珊. 国内外亲子阅读研究发展及其新思考[D]. 长春：东北师范大学，2008.

动方式。[1]

《论语·学而》中的"吾日三省吾身"，正是强调了反思在学习中的重要作用。美国学者波斯纳曾提出教师成长的公式：教师成长＝经验＋反思。实际上，这一公式不但适用于教师，对于学生来说也是一样的。有效的反思能够帮助学生检视自己的学习效果，深化对学习内容的理解，发现学习过程中的种种问题，并及时做出调整，为后期学习奠定良好的基础。在泛在阅读过程中，亦要加强对阅读的思考与反思，正如孔子所言："学而不思则罔，思而不学则殆。"

引导学生进行泛在阅读反思，首先，要引导学生树立反思意识。教师除了要不断提醒和讲解阅读反思的作用，更应该在日常的教学中传授阅读反思的方式方法，营造反思型阅读的氛围。例如，在教师教学的过程中，将反思纳入教学环节中，通过实践操作，引导学生学习阅读反思的方法，使学生在不断反思中提高自我效能感；教师还可以将写反思日记、反思总结作为课后作业，先让学生进行自我检视，然后再组织交流，增强反思的效果。需要注意的是，"反思性作业"的形式是多种多样的，不一定要出现"反思"的字样，比如："请同学们想想你在阅读这篇文章时遇到了什么问题？当遇到这类问题时，你通常通过什么方式解决这些问题呢？"

另外，教师还要以身作则，在教学过程中加强示范作用。将自己的反思性教学与阅读的方法和结果呈现给学生，为学生进行反思树立榜样。对于学生的反思总结，教师应当以鼓励、赞扬为主，从而让学生养成阅读反思的习惯。

其次，指导学生阅读反思的方法。阅读反思是提升学生阅读水平、阅读素养的重要环节。然而，对于中小学生来说，阅读理解已经具有了一定难度，那么如何进行阅读反思便更需要教师进行有效的引导了。常见的阅读反思方法有以下几种。

一是写泛在阅读反思日记。反思日记的内容包括对所读内容的理解、

---

[1] 吴秀娟，张浩，倪厂清．基于反思的深度学习：内涵与过程 [J]．电化教育研究，2014 (12)．

收获和体会，还应包括思考自己选用的阅读方式是否合理，是否达到了较好的阅读效果，在阅读过程中遇到了什么问题，自己是采用什么方式解决问题的，等等。

二是在组织活动、交流讨论中提升学生阅读反思的能力。学校、家庭或社区开展的阅读活动不能一结束就不做后续的工作，一定要进行总结反思，才能起到更好的效果。因为对围绕活动组织的各个环节以及相关内容的学习进行全面的交流和讨论，在交流与讨论中互相学习、集思广益，这样就对阅读活动进行了二次加工，有助于学生进一步学习阅读内容，同时其间所渗透的反思性思想，对培养学生良好的泛在阅读习惯有一定的促进意义。

三是利用网络环境进行泛在阅读反思。网络资源具有丰富性、集中性、开放性等特点，应当充分利用网络资源的优势进行更全面、细致、深入地学习和反思。比如，在引导学生进行阅读反思后，让学生再通过网络查阅相关主题或拓展主题的内容，进一步发现自身的不足；依托网络交互平台，在聚集不同角色的虚拟社区进行交流，以互相借鉴和学习。

四是注重反思性学习在各个学科的运用。作为学生的一项最基本的素养，培养其泛在阅读的反思能力不只是语文教师的任务，更多是需要各个学科教师共同努力去完成的。在各个学科中渗透反思意识和提升反思能力，才能多元化、多角度地培养学生良好的阅读反思习惯。

第五节 运用档案袋提升学生泛在阅读的能力

一、何谓"档案袋管理"

"档案袋"，也叫"成长记录袋"，英文为Portfolio。"档案袋"一词源于艺术领域，指的是艺术家们把自己满意的作品整理收集起来，带给委托人，希望通过这种形式争取使自己的作品得到展览或出版。[1]实际上，档案袋也是艺术家们保存自己的典型作品、记录自己艺术成长的一种方式。除了

---

[1] 李莉. 电子档案袋——初任教师专业成长的有效路径[J]. 电化教育研究，2011（12）.

对艺术家自身艺术成长的记录作用外，档案袋对于艺术家的作品欣赏、研究也极具价值。档案袋中收集了艺术家的一系列重要作品，这些作品不仅能够集中反映其作品的艺术形态和特征，也能从宏观上展现其艺术发展历程和成就。档案袋的评价功能很快被人们注意到，此后，档案袋作为一种评价工具被应用到各个领域。

黄光扬将档案袋分为三种基本类型：成果型档案袋、过程型档案袋和综合型档案袋。[1] 笔者认为成果型档案袋是展现学生优秀作品等的集合。过程型档案袋是收集学生成长过程，展示学生从接触、学习、疑问、探索、解决、总结、反思等全部过程的结合。综合型档案袋兼具成果型和过程型两种方式，可以按照主题、作品类型等进行收集。三种档案袋类型各有特点。随着科学技术的快速发展，数字化档案袋应运而生。 Helen C.Barren 博士指出，数字化档案袋是"学习者运用电子技术，档案开发者以各种格式（音频、视频、图片和文本等）来收集组织内容和素材"。[2] 数字化档案袋具有诸多优势，如存储量大、类型多样、方便携带等。

将"档案袋管理"运用到学生的泛在阅读能力培养中，能够更有效地对学生的泛在阅读情况进行管理和评价。建立《学生个人泛在阅读档案袋》，有利于激发学生泛在阅读兴趣，助推良好阅读习惯的养成。

《学生个人泛在阅读档案袋》记录着每个学生在小学六年生活中每一次泛在阅读的足迹。一次次阅读经历的记载，一次次阅读收获的沉淀，就像一位默默无闻的老师，培养学生循序渐进、坚持不懈的阅读习惯，使其轻松完成小学语文课程标准要求的阅读量，让读书成了他们学习生活的需要，让读书成了他们学习生活的方式。阅读档案更像一位知心的好朋友，提醒着学生知识探索的历程远远重于获取的结果，陪伴着学生在阅读过程中丰富情感、积累语言，提升语文素养，培养和发展学生自我意识与自我潜能。

教师和家长通过档案袋，一方面能清楚地看到每个学生阅读的量和阅

---

[1] 黄光扬. 正确认识和科学使用档案袋评价方法 [J]. 课程 . 教材 . 教法，2003（2）.
[2] 王保中. 高中信息技术课程评价方法研究——应用数字化档案袋评价方法的个案研究 [D]. 长春：东北师范大学，2003.

读的质，为进一步拟订泛在阅读计划，指导学生泛在阅读提供依据；另一方面档案袋能具象化学生阅读的进程与成果。档案袋足以担当教师和家长对学生阅读兴趣及能力进行综合评价的载体和记录本。

二、《学生个人泛在阅读档案袋》的构成

笔者认为，《学生个人泛在阅读档案袋》由五个版块构成。

第一是学生的"个性化首页"。学生的"个性化首页"或用电脑设计，或是创意绘制，记载着学生姓名、性别、班级、喜好、联系方式、座右铭等个人信息，可包括"品味生活""艺海拾贝""如诗如画的人生""我从这里看世界""阅读成长足迹"等内容，以彰显每个学生鲜明的个性特征。

第二是学校推荐的"必背篇目与必读篇目"。《全日制义务教育语文课程标准》要求"学生背诵古今优秀诗文，包括中国古代、现当代和外国优秀诗文，具体篇目可由教科书编者和任课教师推荐"，学校可以分年级为学生精心选择并推荐必须背诵的古诗文篇目来作为学生背诵学习的保底篇目，并鼓励每个学生上不封顶地背诵学习。

第三是"学生完成必读、必背篇目情况一览表"。此表分六个学年记载学生完成必读、必背篇目的时间、阅读进度、证明人等，同时还记载了班主任和家长每学年对学生泛在阅读的评价意见及建议等相关信息。

第四是学生阅读档案袋的核心内容，即"学生阅读成果"。学生把自己在阅读中积累的原始资料放置在此，教师可以引导学生用文字或用图画去创作作品，以表达其当时内心世界最细腻的阅读感受与收获。低年级学生的阅读成果可以图文结合，以图为主；中年级学生的阅读成果可以图文结合，以文为主；高年级则在图文结合、以文为主的基础上，更加注重阅读成果的个性化与文字的质量。

第五是"学生个性阅读记载表"。一张小小的表尊重着每个学生阅读的阅读个性与阅读偏好，以弥补必读书目与必背书目的局限，鼓励着学生自由读段、读篇、读本，鼓励着学生扩大泛在阅读的广度与深度，让学生满怀激情地博览群书，感悟文字魅力，领略人生的丰富多彩。

三、档案袋的阅读指导与评价

（一）档案袋的阅读指导

1. 先行阅读巧链接

对于档案袋中推荐的必读书目，各学科教师要先于学生进行阅读，挖掘其中的阅读价值，再拟订学生阅读的指导计划，力求将泛在阅读与课内学习适时、适度链接。对于重点指导篇目，教师需要精心指导细读的章节内容，并研究指导阅读的进度、指导阅读的方法和反馈检查的具体措施；对于略读篇目，教师可通过课后延伸或者读物推荐课，激发学生的阅读兴趣，引导学生利用课余生活去阅读。教师要善于利用学校开设的阅读课程，引导学生从读课文走向读同类文章，从读节选课文走向读整部作品，从认识作家走向阅读其代表作，以保质保量完成泛在阅读任务。

如某校将《每日诵读》列入了学生刚入学时学校推荐的必读书目。一年级语文教师便将这本课外读物与学科学习结合起来，把每天读一首带拼音的儿童诗作为家庭作业，让学生在读儿童诗时，圈画拼音，勾画整体认读音节，以巩固提升拼读能力，并在泛在阅读的同时借助拼音识记大量生字，积累许多特殊的词语、常用句式和优美的诗句。这些朗朗上口、浅显易懂的儿童诗，其内在的思想意义也有利于学生文明行为和良好学习习惯的养成，帮助初入学的学生顺利渡过入学关。

在四年级的学生学习童话故事主题单元后，语文教研组的教师们在阅读课中引领学生赏读《安徒生童话》，让学生认识了美人鱼、小易达、拇指姑娘、夜莺、幸运的贝儿等鲜活的人物。一篇篇经典童话中那些绮丽的幻想、乐观的精神等，充分激发了学生后续阅读的兴趣，为以学生读童话、议童话、写童话为主要形式的"与安徒生童话共成长"系列活动拉开了序幕。

2. 师生共读授方法

对于档案袋中推荐的必读书目，我们提倡教师们利用每天的"演讲十分钟"和"阅读课程"等有效开展师生共读活动。

共读前，教师通过介绍作者，讲解主要内容，点评主要人物，朗诵优美片段，讲述精彩情节以激发学生浓厚的阅读兴趣。

共读中，师生定时或不定时交流阅读进度和阅读感悟，一方面保证学生持之以恒地读完整本书，另一方面关注学生对阅读内容理解的程度。教师在导读推进中，或引导学生使用工具书与网络搜集文章的写作背景，或带领学生画人物关系图，或交流章节主要内容，或揣测故事情节发展，或评价人物性格特征，或引导学生在书上旁批、旁注读书感悟……通过这样的师生共读历程，学生不但在阅读中学会了选读、精读、速读、跳读等读书方法，还提高了其阅读理解能力、评价人与事的能力及想象创新的能力。

共读后，教师和学生一起通过制作好书推荐卡、配乐朗诵、角色扮演、给书中人物写信、写读后感等多种方式，促使学生在理解内容的基础上对文章进行鉴赏，从而受到美的熏陶和感染，积累丰富语言，体验读书的快乐。

我们发现，教师和学生一起进入故事情境去感受作者、主人公的思维历程，可以让教师和学生的生命经历与故事呈现的情境或意义产生连接，使文本信息活化、生命化。师生共同享受纯粹的阅读，产生情感共鸣，那种说不清道不明发自内心的感动，事实上已经引发了师生对生命更多的思考，有利于学生道德品质的培养与价值观的建立。

3. 阅读活动助成长

为培养学生广泛的阅读兴趣，不少学校还坚持开展阅读实践系列活动来奠基学生"惜书、读书、藏书"的书香人生，以隆重的形式向师生表明阅读的有用性、严肃性和美好性，并指导学生将活动过程中的点点滴滴收藏在档案袋中。

在"赏读经典，诗话人生"的诵读活动中，学校从《弟子规》《论语》《增广贤文》中精选内容以布置校园走廊，编写校本教材，有意识地引导学生诵读古诗词。学生们在阅读档案中收集、整理、制作自己最喜欢的经典名句小卡片，在不经意间受到了文化熏陶，提升了阅读品味，净化了心灵。

在"相约好书，牵手美文"的读书交流活动中，学校结合各年段学生的年龄特点开展了"读绘本、议绘本、画绘本""新闻五分钟""换一本书，交一个朋友""读书博览会""单元主题式阅读""讲演十分钟""阅读情景剧表演""家有小书柜"等活动。活动后,绘本感悟、好书推荐卡、报刊剪辑、书签制作、情景剧本等阅读成果大大地丰富了学生的阅读档案袋。

在"智慧芳园,一字千金"的书评活动中,学生用文章式、卡片式、小报式或读书笔记等形式,点评自己看过的一篇美文或一本新书,在自由创意中分享读书的乐趣。在整理、充实阅读档案的过程,既让学生表达自己的读书收获,又锻炼学生的设计能力和思维能力,巩固了读书所得。

(二)档案袋的阅读评价

阅读评价作为阅读进程和阅读系统的反馈机制,对于改善、提升学生的阅读质量具有重要作用。"档案袋管理"作为一种管理学生阅读的方式,既需要对档案袋本身进行合理的评价,同时档案袋本身也能够作为评价学生阅读情况的重要依据。

档案袋评价是指通过有目的地、系统地收集学生作品,记录和评价学生阅读进步的过程和取得的阅读成就而进行的评价。它是一种动态的、以阅读者为中心的促进阅读的评价,是可选评价文化的典范。[1]《学生个人泛在阅读档案袋》可以记录学生泛在阅读的数量,也可以具象化学生泛在阅读的质量,所以学校将它作为发现和评价学生阅读兴趣与能力发展的依据和载体。

在学生泛在阅读的过程中,教师定期组织学生开展阅读汇报(通过学生自我展示分享,同伴欣赏评议,教师给予的激励学生泛在阅读的形成性评价):学生在读书交流会上,拿着自己的阅读档案,介绍近期阅读的内容,谈星星点点的读书体会,背诵文章精彩片段,或文、或图展示近期收获,并反思读书中的不足之处……在学生自我评价展示的基础上,小伙伴参与评议,教师也给予及时的指正与鼓励,并定期评选出最佳阅读档案、书写最认真阅读档案、最丰富多彩档案等。形成性评价的过程,就是坚持阅读,制作档案,展示自己,欣赏别人的过程,它能大大促进学生自主意识和自我潜能的发展,从而不断激发学生持续阅读的兴趣,提高学生口头表达能力、动手实践创新能力等综合素质。

---

[1] 黄纪针.国外档案袋评价应用和研究述评 [J].解放军外国语学院学报,2012,35(6).

每学年末，教师和家长则慎重地在学生档案袋的《学生完成必读、必背篇目情况一览表》内，给予学生参与泛在阅读的总结性评价。总结性评价尊重学生的个体差异，不强求统一要求、统一步调、统一内容，教师、家长从学生阅读量、阅读兴趣、阅读时间、阅读品味、阅读方法、阅读能力等方面给予学生评价及建议，其目的重在鼓励、引导，以促进每个学生健康发展，让学生爱读书、乐读书，从而培养其终身学习、终身阅读的能力。

我们相信，阅读可以让学生的精神世界广阔而充盈。阅读档案将成为学校一道亮丽的风景线，成为学生的良师益友，促进其爱上阅读，读出诗意，读出自由，读出精彩，读出梦想。

第四章 泛在阅读"百花园"

- · 绘本阅读
- · 静心阅读
- · 班级读书会
- · 群文阅读

第一节 绘本阅读

一、概念释义

所谓绘本，通常意义上讲就是以图文并茂的形式反映儿童生活的图画书，它的表现主体与阅读主体都是儿童。它有三个鲜明的特点：一是具有文学性、生活性、教育性和情趣性。所谓文学性，指故事内容富有想象力，故事情节富有吸引力；所谓生活性，指故事内容既来源于生活，又高于生活；所谓教育性，指故事内容对读者具有情感感染、思想引导的潜在功能；所谓情趣性，指故事内容富有情调趣味，引人入胜。二是具有美术表达形式的多样化、物象形态的生动化，色彩鲜明协调。三是具有完整性。它由封面、封底、环衬、扉页、跨页等构成一个完整的故事。

绘本阅读，顾名思义，就是通过对绘本内容的欣赏、理解、把握，使儿童获得早期的语言教育、文学熏陶和审美感受培养，从而达到自我和谐发展的目的。

二、绘本阅读的基本原则与实施策略

（一）基本原则

绘本阅读遵循整合性、互动性、发展性等基本原则。

所谓整合性，指的是儿童生活经验与教师生活经验的整合，静态学习与动态学习的整合，自编故事与文本故事的整合等。儿童生活经验如何与教师生活经验进行整合？这需要教师创造性地进行教学，恰当地将绘本故事与儿童的生活巧妙地联系起来，通过调动儿童的生活经验，让儿童理解绘本的故事情节及其所隐含的思想。教师可以用自己的生活经验帮助儿童理解绘本故事。静态学习就是指儿童对绘本的图画、文字等的理解；而动态学习则是指教师通过创设生活小情景，让儿童模仿绘本中的人物、情节，通过动态的学习去理解故事内容。自编故事与文本故事的结合，则是一条语言学习、想象力开发的"通天大道"。当儿童将自己的生活故事与绘本故事进行融合的时候，真正的认知就发生了。

所谓互动性，就是指师生互动、生生互动、亲子互动、家园互动。师生互动，是学校常见的一种学习方式。教师"蹲下来"与孩子进行交流，如教师与学生分别扮演绘本故事中的角色，体验角色，感知故事情节。生生互动则是学生学习的又一种富有活力的形态。通过学生之间的互动，不仅增进了学生对绘本的理解，而且提高了"群"的亲活力。而亲子互动对那些缺乏家庭教育的学生来说，更是一剂良药。家园互动的价值在于增进家人相互之间的了解和理解。互动，从根本上讲就是营造一个学生良性发展的"暖"环境，呵护孩子的健康生长，而这正是发展性原则的要旨。

（二）实施策略

整合性策略：在教学实施过程中，教师以系统性原则组织教学，将教学内容、教学手段与学生生活经验、教师生活经验兼顾，将书本知识与生活知识兼顾，提升教学的丰富性和教育性。

互动性策略：在教学活动过程中，教师积极引导学生参与，提高学生的参与度，避免活动中的边缘化现象；注意互动的形式与效果，及时引导学习活动的走向。

发展性策略：教师选择的教学内容以及教学方式，其出发点与落脚点都应在学生的发展、进步上。

【案例】

如何开展绘本教学

一、牵手绘本，激发阅读的兴趣

"兴趣是最好的老师。"对低年级学生来说，强烈的阅读兴趣能为他们今后的语文学习和发展奠定基础。但低年级学生识字不多，又正处于启蒙阶段，独立阅读有一定的难度。要想引导低年级学生独立阅读，并对一个个陌生的文字感兴趣，首先教师要有足够的耐性。这里，我尝试着让学生从尽可能简单的绘本开始。

绘本，作为一种图文结合的复合文本，"栩栩如生的图画＋文字"是它的特点。一册绘本至少包含三种故事形态：文字讲的故事形态、图画呈现的故事形态、图文结合后产生的故事形态。我们发现：培养低段学生对课外书的阅读兴趣，童话绘本是较好的载体，学生由绘本入门，产生阅读兴趣，就会逐渐产生对文字的感情，从而开始独立阅读，领略独立阅读的妙处。

我最早给学生们带去的童话绘本是《小熊孵蛋》。我把绘本内容用多媒体平台一一呈现出来，与学生们一页一页地读。读《小熊孵蛋》时，我们的心里感到暖暖的。这本图画书，就像一首生命赞歌，充满了母爱的温情和宽容。故事中的小熊阿雷想当妈妈了——他要孵蛋！可是，无论他怎么努力，都没有人愿意借一个蛋给他，他很沮丧地回到妈妈的身边。妈妈把阿雷搂在怀里，耐心地讲解生命的过程。这些生动的故事情节，深深地吸引了学生们。学生们时而哈哈大笑，时而认真倾听，时而静静地阅读。下课铃响了，学生们还不肯出去玩，纷纷围着我，说还想再看一遍。这样的阅读时刻，对学生们来说是愉悦的，他们的阅读兴趣是浓厚的。我用这样的方式，和一年级的学生们一起阅读了《愿望树》《长大做个好爷爷》《忘了说我爱你》《我永远爱你》《咕噜牛》等童话绘本，他们全都被这些故事所感动。

绘本犹如一块磁铁，将学生们深深地吸引住了。学生们细细地读，慢慢地想，一个个幼小的心灵在绘本的世界里自由地飞翔。

二、选对绘本，推开阅读的大门

通过一年级的绘本阅读，学生们对读书产生了浓厚的兴趣。接下来，我不禁想，学生们能不能"啃"得下整本的书呢？肯·古德曼曾说："把语言切割成小片段，有意义的事物就变得毫无意义……语言只有在完整的时候才是语言。"因此，学生的阅读，必须由单篇向整本书过渡，才能逐步提高学生的阅读能力。此时，选对绘本，就显得特别重要。

给低年级的学生选书，应选生僻词汇少一点，书本薄一点，大道理少一点，情节发展稍微快一点，人物形象鲜明一点的，这样的书才是学生乐于阅读的。

进入二年级后，我向学生推荐了一些图文结合、内容浅显易懂的优秀文学作品，如《安徒生童话》。童话是儿童喜闻乐见的一种文学体裁，学生们喜欢读、乐意读，能够激发学生的好奇心和主动学习的愿望。作家任溶溶的《大大大和小小小历险记》《没头脑和不高兴》《丁丁探案》《土土的故事》，都是我向学生推荐的首选。这些书内容丰富，人物形象鲜明，语言贴近学生的实际生活，是低年级学生阅读的好食粮。

三、结伴同行，营造阅读的氛围

营造阅读的氛围，可以通过师生之间、亲子之间、同伴之间的信息反馈、情感转移去实现。学生通过与他人分享故事，不断增强自己阅读故事的兴趣。在阅读活动中，愉悦是动力，情感是核心、是灵魂。

（一）师生引读

指导学生阅读我推荐的童书时，我会采取"先扶后放"的形式。教师先和学生共同分享几篇故事，再让学生自己去阅读，去发现阅读的乐趣。阅读伊始，我先从《丑小鸭》《夜莺》《皇帝的新装》等故事开始。人都有爱听故事的天性，年龄段越低，这种倾向就越明显。因此，我总是要先对新故事做一番"精彩预报"。在讲新故事时，我常常运用一些技巧，如在讲到最精彩、最能吸引学生兴趣的地方戛然而止，引起学生到书中去探寻宝藏的浓厚兴趣；有时讲到故事的关键情节时，不会继续讲下去，而是让学生猜一猜，然后再让学生到书里去读一读。这样，学生阅读的主动性大增。下课后，一个个迫不及待地翻开书津津有味地读起来，纷纷由"要我读"变成了"我要读"。

引读时，我还喜欢和学生一起大声读上几段。"大声为学生读书"，是让学生尽快提高阅读兴趣，营造阅读氛围的最好手段。学生的听觉接受力高于视觉接受力。"大声为学生读书"，能够让学生尽快进入自由阅读的境界，而老师声情并茂地朗读，能触及学生的心灵，引起学生的感情共鸣，让学生回味无穷。因此，往往在我诵读的同时，许多学生也就会不由自主地自己读起来，在这种模仿和诵读中也能让他们积累大量的语言词汇。

（二）亲子共读

学生在学校要学习，任务重，用在阅读上的时间是有限的。因此，决定学生们阅读质量的主要因素是家庭，家庭的阅读氛围对学生的影响，显得尤为重要。

开学之初，我就召开了家长座谈会，让家长们认识到父母是学生的第一位教师，爱读书的父母才能带出爱读书的学生，有教养、好求知、品行端正、值得信赖的人，大多出自对书籍有着热忱的家庭。同时，我还主动与家长交流指导学生阅读的方法，鼓励家长积极与学生共读，并在读中、读后与学生进行交流。

在与学生交流故事内容时，家长可以提稍微"大一点"的问题。如《丁丁探案》这个童话故事，是围绕着主人公在生活中运用自己的聪明智慧，帮助邻里解决难题而展开的，家长在读的时候不妨和孩子交流一下：这本书的主人公是谁？他到了些什么地方？最让人印象深刻的角色是谁？最好笑的情节是哪一段？他为什么要这样做？他们碰到了什么困难？你有没有解决这个问题的更好方法？

交流时，家长还可以提"开放"一些的问题。如《没头脑和不高兴》

这个故事讲述了两个学生,一个叫"没头脑",一个叫"不高兴"。"没头脑"做起事来丢三落四,总要出些差错。"不高兴"总是别别扭扭,你要他往东,他偏往西。别人劝这两个学生改掉坏脾气,他们都不以为然,为帮助他们改正缺点,暂时把他俩变成了大人。这个故事多神奇呀!学生一定会感兴趣于这样的话题:你跟书中哪个人物有相同点?你身边的哪个朋友像书中的主人公?书中的家庭跟你的家庭有什么相同点?你有没有碰到过类似的事情?如果你是书中的主人公,你会怎么做?学生如果带着这些问题读故事,自然就会把自己的生活与所读的故事联系在一起。这样进行的阅读指导,不仅能帮助学生理解故事的内容,同时,学生的内心也更容易与故事产生共鸣,使学生拥有更真实的情感体验。

四、创新形式,丰富表现载体

(一)重视字、词、句的积累,制作"美文美画"集

每周,学生都要围绕本周读过的故事内容,或是动手抄一抄、写一写新认识的生字、词语;或是摘录下优美的词句、段落。摘抄时,再配上自己创作的与故事内容有关的插图。这样的拓展活动,我称其为"美文美画"。

漂亮的插图,有趣的故事内容摘抄,学生们做得可起劲儿了。每两周举行一次"美文美画"展示交流活动,对在阅读中积累多的学生给予"阅读小能人"称号,以示奖励。学生们在"美文美画"中,工工整整地记录下新字、新词,大大地提高了识字量,降低了所学生字的"回生率"。一个个鲜亮的词语,一句句描写优美的句子,不光记录在画纸上,有时还会出现在学生们的口头表达和写话中呢。总之,每读一文,学生都有所收获。到了期末,每个学生还要分别为自己的这些"美文美画"做一页封面和目录,并工整地装订起来,成为学生这一学期的阅读成果集。

这样的阅读拓展活动,既激发了学生们的阅读兴趣,加深了学生对阅读内容的理解,又锻炼了学生的思维,培养了学生的动手能力,提高了学生的审美情趣,真是一举多得的好方法。

（二）以创编、表演的形式再现入心的文字或故事

为了让学生长期保持阅读的热情，并最终形成阅读习惯，就很有必要营造浓厚的班级阅读氛围，开展各种形式的阅读交流活动，推动学生泛在阅读习惯的养成。这些活动为学生搭建了展示阅读才能的平台，既锻炼了学生的胆量，培养了他们的表演能力，又加深了其对故事内容的理解。

1. 演一演

利用综合实践课或阅读课，让学生表演精彩的故事。在二年级时，班级举行了"童话剧本表演"比赛，评选"小小表演家"。本次活动吸引了许多学生，大家都踊跃参与，全班共有20多名学生参加。活动中的每个节目都非常精彩，滑稽的皇帝、可怜的丑小鸭、善良的小美人鱼，小演员们表演得生动活泼，小观众们个个睁大眼睛，细细品味童话的美妙。

2. 讲一讲

班级举行"小小故事王"讲故事比赛。为了保持学生的阅读热情，让全体学生能积极参与，我们制订了以下规则：根据学生的阅读水平的差异，起步低的学生可以读一读，读得熟的同学可以讲一讲。经过学生们的精心准备，不管学生是讲还是读，每个学生都表演得声情并茂，生动有趣。学生们通过讲故事，再一次走进了故事，走近了人物。

3. 秀一秀

学生根据故事中的情节或续编故事，或改变故事结尾，等等，并将各自改（续）编的故事在班级中展示，一起交流、评比。教师设立"创意奖""编剧小能手"等奖项，以鼓励表现优秀的学生。学生们的作品想象丰富，内容生动。如：续编《没头脑和不高兴》，该作品中的"没头脑"和"不高兴"变得知错就改、待人和善、谦虚。《大大大和小小小历险记》中的主人公居然来到了我们的学校，在我们班引出了一大堆让人捧腹大笑的趣事。学生们笔下的故事简单却充满童真、童趣，读起来颇有几分小作家的风采！

五、及时激励，培养阅读的兴趣

阅读激励机制的建立，既能有效地检查学生的阅读情况，巩固阅读成果，又能激发学生的阅读积极性，推动阅读活动步步深入。

（一）教师的强化与肯定

作为教师，需要为学生提供阅读的动力，适时给予学生鼓励甚至奖励。课间，偶有爱看书的学生在一片喧闹中静静地坐在座位上看书，我总不忘表扬他（她）几句："真是个爱看书的学生！"得到老师的表扬，学生会看得更认真。在回答问题时能用上好词佳句的学生，我总会给予大力赞扬："爱看书的孩子就是不一样！""你的课外知识真丰富！"

教师的一句句夸奖，如春雨滋润着学生们的心田。班中的"书虫"们感受到了阅读带来的喜悦，对书就更加爱不释手了；而那些还处在阅读启蒙阶段的学生，也会在老师的暗示下，亲近书本。这样，在教师的强化与肯定中，慢慢培养和提高了学生们的阅读兴趣。

（二）家长的配合与支持

家长将学生实际的阅读情况记录在阅读记录表中，每周一由学生交给教师进行汇总。教师对一个星期以来，每天都能坚持阅读半小时的学生，奖励一颗"阅读红星"。这样的举措有利于激发学生的阅读兴趣，掀起班级阅读潮，让阅读慢慢成为学生日常生活的一部分。

对于低年级学生阅读活动的指导，应该从培养学生的阅读兴趣入手。选取内容生动有趣、语言童真童趣的儿童文学作品让学生阅读，从而激发学生的阅读兴趣，使学生感受阅读的乐趣，形成阅读的习惯。让学生从小与书"交友"，在心中埋下阅读的种子，慢慢萌芽，开出最美丽的花。

学生个案：

当读到安东尼·布朗的绘本《我爸爸》时，爸爸的形象像阳光一样，照射到我的心头，暖暖的，真好！感谢这个绘本带给我的那份柔软父爱的润泽。

绘本内容如下："这是我爸爸，他真的很棒！我爸爸什么都不怕，连坏蛋大野狼都不怕。他可以从月亮上跳过去，还会走高空绳索（不会掉下去）。他敢跟大力士摔跤。在运动会的比赛中，他轻轻松松就跑了第一名。我爸爸真的很棒！我爸爸吃得像马一样多，游得像鱼一样快。他像大猩猩一样强壮，也像河马一样快乐。我爸爸真的很棒！我爸爸像房子一样高大，有时又像泰迪熊一样柔软。他像猫头鹰一样聪明，有时候也会做一些傻事。我爸爸真的很棒！我爸爸是个伟大的舞蹈家，也是个了不起的歌唱家。他踢足球的技术一流，也常常逗得我哈哈大笑。我爱他，而且你知道吗？他也爱我（永远爱我）。"

【教学后记】

有个专家说过："基于儿童，从母语学习的角度，我们要打开一条路，但更要铺设一条感情的跑道，让学生的感性得到滋养，得到抒发。"在进行这节绘本阅读指导课的时候，我牢牢地把握住情感的线索。这条情感的线索就是对父亲的感情。有了感情，就有了爱的生长，故事的生长，课堂的生长。

★阅读教学片段

片段一：

走进绘本

师：每个人都有爸爸，同学们，在你的心目中，你的爸爸是一个什么样的人呢？

生一：我的爸爸很温柔。（呵，可爱的小家伙，用温柔形容爸爸，有意思！）

生二：我的爸爸爱打电脑。（学生的世界很单纯，很真实。）

生三：我的爸爸很能吃。（在学生的心目中，强壮的爸爸必定会跟吃联系在一起。）

生四：我的爸爸原来很懒，现在不懒了。（学生的眼睛很雪亮哦！）

生五：我的爸爸爱睡懒觉。（哈哈，真实又可爱的学生。）

……

师：是啊，每个人的心中都有一个与众不同的爸爸。每个小朋友都会在爸爸的爱护之下快乐地成长。今天，我们也来聊聊爸爸。（出示绘本）

循着绘本明快的基调，学生们为这节课起了一个精彩的开头！

片段二：

讲故事，夸爸爸

师：这就是我爸爸，他长得可不帅，却那么亲切，那么自然，这样的爸爸在我眼里，真的很棒！

……

师：他真的很棒！我爸爸什么都不怕，他还敢跟大力士摔跤呢！瞧瞧这位大力士怎样？

生一：这位大力士很强壮。

生二：这位大力士很胖。

师：可是身强力壮、虎背熊腰、膀大腰圆的大力士在爸爸面前却表现得怎样呢？

生一（张浩成）：在爸爸面前他表现得很弱小。（我很高兴，小小的他们居然会用对比的方法回答问题了，这就是语文能力提高的表现啊！）

生二（林笑乐）：这位大力士在爸爸面前显得不堪一击。（一年级的小朋友啊，会准确地使用如此贴切的成语，让我感到很震撼。）

师：在运动会比赛中，爸爸轻轻松松就跑了第一名！哪个小朋友告诉老师，你是怎么理解轻轻松松的呢？

生一：就是很轻松，不用什么力气。

生二（林笑乐）：轻轻松松的意思就是不费吹灰之力。（震撼之余，我分明感受到家长对学生精彩回答的肯定与赞赏。）

出乎意料，学生的词语积累超出我的想象，令人感叹。

片段三：

感情表达，夸爸爸

当点燃了儿童表达的欲望，表达就成了一种真正的"情动辞发""言为心声"。你会倾听到他们情感土壤开出花朵的声音。

师：老师在读的时候发现了这样几句话，我觉得挺有趣的，想跟大家一起分享。

出示句子：

我爸爸吃得像马一样多。

我爸爸游得像鱼一样快。

我爸爸像大猩猩一样强壮。

我爸爸像河马一样快乐。

师：这些话有什么共同的特点？布朗能用这些讨人喜爱的动物，形容自己的爸爸，多么生动有趣啊！你也能用这样的词语夸夸自己的爸爸吗？

生：我爸爸像猴子一样会爬树。

生：我爸爸像大象一样强壮。

生：我爸爸像考拉一样可爱。

生：爸爸很会跳远，像袋鼠一样跳得远。

生：我爸爸像长颈鹿一样高。

……

童言正张着稚嫩的翅膀，表达着学生们涌动的奇思。他们怀着满腔的喜悦，说出爸爸的强壮，爸爸的可爱……所有的表达都是感情的传递——我爱爸爸。

片段四：

爱的回流

师：同学们，刚才，我们一页一页地看了这本图画书，爸爸的个头真的和房子一样高大吗？真的可以从月亮上跳过去吗？（不是，不能）是的，他也是一位普通的爸爸。那为什么"我"偏要这样夸爸爸？为什么要这样画呢？

情感酝酿到现在已经开始发酵——

李燕楠立即脱口而出："是因为'我'爱爸爸！"

师：说得真好！爸爸并不是无所不能的，只因为他是"我"的爸爸，"我"很爱他，（出示图片）图上有一个明亮的太阳，爸爸就是"我"心中的太阳！

师：我爱他，而且你知道吗？他也爱我（永远爱我）！

音乐响起。

师：读到这里，我们发现，原来，爸爸的歌是唱给我听的，爸爸的舞也是跳给我看的，爸爸的搞笑是为了让我开心，他的快乐是为了我的快乐……看着，看着，我突然发现，原来这本图画书可以反过来看，我爱爸爸——爸爸爱我。这就是爱的回流。

师：同学们，陈老师还想告诉你们，父爱是永恒的话题，你们的爸爸，老师的爸爸，你们爸爸妈妈的爸爸，你们爷爷奶奶的爸爸，父爱是永久的。陈老师希望我们班的学生是会感恩的，是懂得爱的，现在请你们站起来，面向我们的爸爸妈妈，大声对他们说一声：我爱你们！

……

说到这里，我自己的眼睛也都湿润了，因为我想起了我的爸爸，我发现很多家长的眼睛也湿润了，我想引起我们共鸣的是这份对父爱的感受。我又突然发现，几个小姑娘的眼睛红了，当她们面对家长说出爱的心声时，有几个哭得很厉害——是想爸爸了。我想这份爱的种子已经播撒在她们的心里了。

绘本阅读教学在一片暖暖的爱意中结束，绘本故事激起了爱的涟漪，这是爱的回流。父子之爱，正是绘本所渲染出来的父子之间那份浓浓的、阳刚的爱意，使课堂洋溢着生命的韵味，它是那样醉人！儿子心中父亲的形象，正是父亲显现在儿童生命世界中的形象。儿子对父亲的爱，是父亲对儿子深深的爱的回应。

第二节 静心阅读

一、概念释义

静心阅读是阅读的一种形式。所谓静心，就是沉静下来，不浮躁，不夸张，不矫饰。静心阅读，就是让心沉静下来进行阅读，专注，用心，沉浸在阅读之中。

一个人的阅读史就是他的精神成长史。精神成长是人之所以成长为"人"的关键。阅读能够促进学生的精神发育，加快学生的社会化进程，培养他们的气质，养成他们的高尚人格。虽然阅读不能改变人生的起点，但它可以改变人生的终点；虽然阅读不能改变人生的长度，但它却可以改变人生的宽度。在静心阅读中，可以"思接千载，视通万里"，可以与智者交谈，与伟人对话，从而智慧地成长。

二、静心阅读的基本原则与实施策略

静心阅读遵循趣味性、适切性、发展性和成长性原则。

趣味性指的是应选择可以增进学生阅读兴趣的、有趣的阅读材料。阅读行为是人类的一种高智能活动，需要读者的用心与耐心。但是，如果阅读的对象是无趣、无味的，那就辜负了读者的一片心。对于学生来说，则是无端的生命的消耗。因此，对阅读材料的选择，"有权"的选择者们应该保持高度的警惕，应选择那些有积极意义的、具有趣味性的阅读材料，以增进学生的阅读兴趣。

适切性指的是适合学生的年龄和心理特征，以满足不同年段、不同层次学生的精神需求和发展需要。在教学活动中有一个非常奇特的现象，即我们的教育工作者心中虽然有孩子，却紧紧地拥抱着成人世界，永远用成人的眼光或需要去"帮助"孩子们选择读物。如果不改变这种现象，静心阅读就会变成空谈。

发展性指的是静心阅读的总体设计、活动安排等，都需要用到发展的眼光。当学生在一个良性的环境中静心阅读时，他的心智会发生变化，时间越久，这个变化就愈加明显。作为活动的设计者和执行者，就需要高度关注这种变化，并采取与之相适应的举措。只有这样，静心阅读，才会在真正意义上产生良性循环。

成长性指的是学生的发展变化，这个变化与学生不可逆转的生理生命的成长保持着高度的一致。阅读是一种精神活动，是精神不断修炼的过程，而静心阅读已经超越一般意义上的阅读。它没有功利目的，是一种美的享受。学生只有在静心阅读中才能享受人类文明的浸润和滋养。

在遵守这四个原则的前提下，我们可以根据实际情况，创设多种推进策略。

整体推进、读写思结合、阅读课程化、活动多元化、资源丰富化是静心阅读的五个推进策略。

整体推进策略：强调以系统的观点设计阅读活动，尤其是在一个学习社区（学校、年级、班级）中实施这个策略时，要整体思维，全面布局，分阶段地推动。

读写思结合策略：强调主动、积极的阅读状态，以写促读，以读带写，进一步积极思考阅读材料的思想、观点、方法等。思考是提升静心阅读品质的重要方式。

阅读课程化策略：从课程的内容对静心阅读进行总体设计，描述其活动的总体目标、阶段目标、任务、内容、实施过程以及效果评价。

活动多元化策略：增加阅读活动的丰富性，如阅读指导课、午间阅读课、演讲十分钟、家庭阅读等，可以更好地激发学生的阅读兴趣。

资源丰富化策略：增加静心阅读对象的丰富性。利用学校图书馆、班级图书角、流动书屋、读书角、家庭图书馆等提供阅读资源。阅读资源可以是传统的纸媒，也可以是电子资源。丰富的阅读资源是满足学生阅读需要的基本保证。

📖 【案例】

求精铸品，成长奠基

—— 静心阅读的实践纪实

一、明确目标：兴趣引领，习惯养成，能力提高

（一）兴趣引领

1. 为学生选择那些制作精美、内容丰富有趣、情节发展符合儿童认知特点的图画书，以激发学生的阅读兴趣和愿望。

2. 尊重学生的阅读方式。学生喜欢的阅读方式是一会儿翻翻这本，一会儿翻翻那本；有的学生喜欢和同桌交换阅读；有的还会大声读出书的内容。

3. 把选择阅读的权利交给学生。在学生阅读的过程中，不要过多地对学生进行人为的约束和控制。让学生在阅读过程中选择轻松自由的阅读方式，享受阅读的快乐，逐渐形成自己的阅读爱好和兴趣。

4. 师生共读，为学生树立良好的阅读榜样。教师要经常讲述自己阅读后的收获和体会，引起学生情感上的共鸣，可以巧用故事悬念诱发学生阅读兴趣，使学生产生强烈的阅读欲望。

5. 每学期开展一次"小故事王"朗读比赛，一次"读书大王"征文比赛。通过各种读书比赛活动，引导学生扩大阅读面，增加阅读量，感受阅读的快乐。

（二）习惯养成

1. 读书动笔，做好摘抄。学生在阅读过程中自觉养成"圈画批注""读读抄抄写写"的良好习惯，可以把作品中的精彩片段、名句名言等抄录在本子上，并给摘抄本取一个好听的名字，如"文海拾贝""文苑撷花"等。班级可以通过读书展览、读书报告会等活动，给学生提供交流各自阅读感受的机会和平台。

2.读书思考，勤读勤议，勤读多问。

3.爱书惜书。学生在阅读中应保持图书的整洁，养成有借有还的好习惯。

（三）能力提高

1.学校每周设立一节阅读指导课。在阅读指导课中，教师指导学生如何掌握阅读材料的主要内容、把握故事情节、体会作者的思想感情、选择优美词句等。让学生在教师的指导下有方法地进行自由阅读。

2.鼓励学生自由组成"读书学习小组"。读书学习小组成员可以一起选择书籍，共同控制阅读进度。学生需保证每天半个小时以上的阅读时间，并做好读书笔记，交流心得。

3.向家长推荐学生课外读物，倡导家长和学生一起买书，一起看课外书。家长可以通过家长会或家校网交流学生读书的心得，建立"亲子小书房"，形成良好的家庭读书氛围。

4.课内和课外的有机结合。在平时的课内阅读教学中有意识地引导学生将课内知识向课外延伸，使学生能够举一反三，化方法为能力。

5.根据不同年龄段学生的特点向其介绍行之有效的读书方法。

（1）阅读方式——选读、浏览、精读。

（2）做读书的有心人——摘抄、勾画、使用书卡、做笔记。

（3）交流与分享——开展阅读沙龙、故事会，推荐优秀书目等活动。

二、建设资源：书是学生进步的阶梯

泛在阅读资源库建设是泛在阅读的物质保证。从学校到班级再到家庭，都需要进行泛在阅读的资源建设。图书阅览室、班级图书柜以及家庭小书柜，构成了泛在阅读资源库的基本内容。

（一）图书阅览室

一所合格的学校一定有一个学生喜欢的图书阅览室。学校应把图书阅览室办成学生的精神家园，营造出环境优美、静谧惬意、书香四溢的图书阅览室。图书阅览室的书籍应种类繁多、数量充足、内容丰富，既能满足不同学生的需要，还能激发学生的阅读兴趣。

（二）班级图书柜

班级是一个温暖的大家庭，在学生成长过程中发挥着重要的作用。班级图书柜是班级文化建设的重要内容，是引导学生爱书、惜书，学习文化知识的重要阵地，是学生的精神家园。因此，班级图书柜的建设应从学生的精神成长需求出发，从班级的物质条件出发，一是要体现学生的主体性、主动性，发动学生量力而行地捐赠和推荐；二是要注重图书种类的多样化，内容的丰富性；三是图书数量的必要保证，做到至少是班级人数的 2.5 倍；四是增进仪式感，强化文明的崇高性；五是要在图书管理上创新，促进班级图书柜藏书的有序流动。

（三）家庭小书柜

家是爱的港湾，家长是学生的第一任老师。应提倡建设家庭小书柜，发挥家长对孩子成长的精神引领作用，为孩子的健康成长提供一个良好的环境。家庭小书柜建设主要有这几个特点：一是儿童性。充分体现孩子的主体性和主动性，尤其是随着学段的升高，年龄的增大，孩子的主体性与主动性会越发鲜明。书柜内容亦能反映出学生阅读成长的过程。二是共同性。选择一些父母和孩子都喜欢阅读的书籍。三是要随时增添新书。

三、设置课程：在课程中成长

（一）阅读指导课

泛在阅读是现代阅读的重要方式。如何进行泛在阅读，教师需要对学生进行方法和技巧上的指导。其主要目的就是让学生掌握泛在阅读的基本方法和基本技能，学会阅读。阅读指导课的主要途径有两个：一是在课堂阅读教学中进行，二是开设专门的阅读指导课。专门的阅读指导课的时间主要利用午间休息这个时段，地点一般选在图书馆、阅览室等地方，聘请校内外优秀教师以开办讲座的形式进行。

（二）午间阅读课

午间阅读课是午间时段在教师管理下，学生自主进行阅读活动的课程。主要目的是培养学生的阅读兴趣，增进学生的阅读体验，让学生收获知识与思想。午间阅读课的组织遵循三条原则：一是自主性，学生为主体；二是自由性，阅读学生自己选的书；三是纪律性，即参加活动的学生要遵守纪律，保持安静，不能影响其他同学；四是展示性，可以通过好书发布会、好故事发布会等活动丰富阅读形式。

（三）演讲十分钟

阅读重在积累，演讲重在表达。二者之间的关系密切，互相影响，共同促进了学生的成长。要发挥"演讲十分钟"的效能，主要注意以下几个问题：一是各年龄段的目标设置要明确。将目标指向与学生的认知水平、社会发展水平与心理状态联系起来，释放学生潜力，让学生敢讲、敢演，且学生能够讲清楚、讲明白。二是内容的充实性。学生应讲出自己的真实感受和个人的思考，拒绝演讲内容夸张、空虚。三是时间的整体性。教师要统筹安排，全面参与，和学生共同提高。四是榜样性。通过榜样的示范，鼓励每一个学生大胆参与。通过"演讲十分钟"课程的实施，丰富了学生的阅读体验，提升了学生的阅读质量，提高了学生思维能力、表达能力。

（四）家庭阅读

家庭阅读，提供了学生耳濡目染、接受书香熏陶的机会，是学生学习文化、提高文化修养的重要路径。可以从以下五个方面进行家庭阅读的建设：一是重视阅读家风的发现和培养；二是大力倡导亲子共读，亲子共说；三是记录家庭到书城（或书店）、图书馆、博物馆（展览馆）等地的活动状况，包括时间、频率等；四是开展形式多样的文化活动，如观看音乐会、话剧等；五是重视家庭阅读分享。

📖【案例】

《称赞》教学设计及反思

◇教学设计

一、字词教学：自主识字，教师有侧重地进行引导

通过一个学年的学习，学生已经具备了独立识字的能力。本文要求学生认识和记忆的生字数量不多，难度也不大，因此，对于本课生字的学习，我采用以学生自学为主、教师指导为辅的形式进行字词教学。

学生在预习时对所有生字的音和形都进行了初步的认知，并用自己习惯的记忆方法进行了记忆。课堂上教师则根据学生学习的实际情况，将生字的重、难点放在学习反馈时对学生进行指导，起到抓重点的作用，从而使学生在有限的课堂教学时间内大大提高学习效率。如解释课文题目时，着重帮助学生记忆"称赞"的读音和"赞"字的笔画；在朗读重点句时，随机学习"谢"字，巩固旧字"已"；对"泄气"词义的了解，则放在阅读教学中，让学生通过反复阅读课文，理解该词含义。

二、阅读教学：抓住主线，以读代讲，层层推进

对于二年级的阅读教学来说，主要目的就是让学生通过阅读了解课文的主要内容，带领学生在阅读课文时大致理解重点句子的含义。本篇课文内容浅显生动，文字简单易懂。本课的主要教学目标是让学生正确读出"称赞"的语气，并能在阅读过程中学会真诚地把称赞送给别人，能给自己和他人带来快乐、自信和勇气。从这一教学目标出发，我紧紧抓住课文题目"称赞"，并以此为教学主线，设计以读为主的教学方法，展开教学。

（一）初读课文：以学生自主合作学习方式替代教师检查，激发学生读书、学习的兴趣

在学生理解了课文题目后，进入初读课文的环节。为了让每一位学生都有机会在课堂上展示自己预习的效果，我主要采用"小组学习"的方式，组织学生在学习小组内进行课文朗读，每人轮流读一小节。学生应做到读准字音，读通句子并认真听组员朗读课文。如果觉得他读得好，就给他一句称赞的话或一个称赞的手势。由于课文语句通俗易懂，学生课前也进行了认真的预习，绝大部分学生对朗读课文是充满自信的，加上是在学习小组内交流，他们更为放松，所以人人都能自觉、积极地投入课文朗读之中。因为有了自我学习的展示，又有同学的肯定与赞扬，学生学习的兴趣就被大大地激发了出来。

（二）细读课文：培养学生静心阅读、边读边想的阅读习惯；让学生学会联系上下文理解课文内容的阅读方法

面对易懂、易学的课文，教师就应避免将阅读教学仅停留在内容疏通的层面上，因为对于二年级学生来说，教师已经可以借课文教学有意识地对学生进行阅读习惯的培养和基本阅读理解方法的指导了。

本课教学，应紧紧围绕"称赞"，抓住文中的几个重点句子展开，以培养学生静心阅读、边读边想的阅读习惯，并引导学生在阅读的实践过程中学会联系上下文理解课文内容的阅读方法。

在细读课文环节中，我设计了两个读课文找句子的学习环节：一是在学生初读全文了解课文内容是写刺猬和小獾间的互相称赞后，要求学生快速浏览全文，找出它俩互相称赞的句子并勾画出来，然后用称赞的语气读出来。二是让学生默读课文第1—10小节，了解"称赞"在小獾和刺猬身上分别产生了怎样的神奇效果，并找出与之相关的句子。在通过仔细阅读课文、找到重点句子的基础上，学生经过反复的朗读，体会了称赞的意义。随后，我以情境对话的形式，引导学生通过朗读来体会课文第7节中小獾说的"在我有点儿泄气的时候，是你称赞了我，让我有了自信"这句话的含义。通过这种

形式让学生懂得，想要理解文章的重点句的意思，就要学会联系上下文。

三、说话练习：以扶为主，帮助学生树立敢于开口的信心

二年级是学生语言表达的起始阶段，教师在此阶段的主要教学任务是激发学生乐于表达的兴趣，鼓励学生敢说自己想说的话，并在说话练习中逐步提高学生最基本的表达能力。在本课教学中，说话训练主要有三处：一是在帮助学生理解"是刺猬的称赞给泄气的小獾树立了信心"时，我设计了一个"想象"的说话练习。二是在学生理解了全文内容后，让学生进行选词填空的练习。练习的目的在于使学生学会用一些文中所学的词语来简单概括文章内容，并再次体会"称赞"所具有的神奇作用。最后的一处说话练习为拓展训练。教师创设一定的情境，激励学生敢于向他人说出自己的心里话，善于将自己对他人的称赞表达出来。

◇课后反思

本篇课文是一篇具有童趣的文章，语言简单，内容清晰，学生的学习障碍不多，所以学习兴趣较高。在教学中，我主要采用以学生自主学习为主、教师指导为辅的形式进行教学设计，做到听、说、读、写各有侧重，并在教学中使学生掌握学习方法，养成良好的阅读、学习习惯。

在几次试教与教案的反复修改过程中，我虽碰了壁，但也对新课程理念下的阅读教学如何有效开展有了较为深刻的认识，特别是对以下这两条原则有了更切身的体会。

一、以生为本设计阅读教学

本课学习中的一个难点是：让学生懂得在别人泄气时给予对方真诚的称赞，能给对方带来自信、勇气和快乐。为解决此教学难点，我最初的教学设计是在学生找到"小獾说：'在我有点儿泄气的时候，是你称赞了我，让我有了自信。瞧，我已经会做小椅子了。'"后，让学生提出自己不懂的问题，目的是以"学生质疑，教师导读，学生自我感悟"这一形式来展开教学。

在我的设想中，学生可能对"泄气"一词不太了解，只要学生提出"泄气"是什么意思？为什么小刺猬对小獾的称赞，会让小獾有了自信呢？我就可以引导学生通过对课文的朗读来理解"称赞"在人泄气时所起的作用。然而，在试教时遇到了问题，学生并没有提出我设想中的问题，而是提出了"我觉得只有在别人做得很好时给他称赞，才会使他更有信心"等与课文学习关联度不高的看法。为了处理这些"意外"，我不得不花一些时间与学生对话，把他们的思路拉回我之前的教学设想中，为此浪费了一些时间。

课后，我静心反思，发觉自己的问题还是出在没有真正把握住语文教学本质，只是在追求形式上的"学生自主"，脱离了文本，舍弃了阅读课文这一基本内容。阅读教学不可以脱离课文而"读书"，尤其是对二年级的学生来说，由于年龄的关系，他们对事物的分辨力和判断力还不够成熟，他们对文章内容的感悟来自于对字面的直接理解。教师在这一阶段所要做的就是教会他们读懂文章的方法，即认真、细致地反复阅读，学会联系上下文理解文章的内容。

于是，我将自己的教学设计进行了修改：先让学生自由朗读课文第7—10节内容，找到"称赞"在小獾和刺猬的身上各发生了什么神奇作用；接着采用类似情景对话的形式，与学生配合朗读课文第2—3节；随后以引读方式来再读课文第7—10节；最后通过选词填空、说一说的练习，帮助学生归纳出文章的内容，以锻炼学生的表达能力。修改后的教学设计，内容紧凑了，时间节省了，学生在一次次的朗读中理解了什么是"泄气"，理解了"真诚地给予称赞"，也懂得了什么叫"有了自信"。

二、说话训练由仿到创

在教学中应鼓励学生说出自己想说的话，让学生在说话练习中提高语言表达能力。作为教师，我们应在阅读教学中结合课文内容，尽可能多地为学生创造说话的条件，提供说话的机会，让学生在说话实践中学习语言，运用语言。然而"创造条件"和"提供机会"需要教师认真研究和准确把握。

对低年级学生来说，他们顾虑少，表现欲强，都愿将自己的想法分享给别人，但是由于他们经验有限，词语积累有限，往往不能准确而有序地表达自己的看法。因此，对低年级学生说话训练的目标是帮助其学会基本句式，积累词句。在设计本课教学第三版块时，我本想在"说话练习"中让学生寻找小伙伴的优点，用一两句话来称赞对方。但在试教过程中，发现学生难以开口，其主要原因在于学生平时不注意观察别人的优点，也不善于去称赞他人，所以不知该说些什么。其实，问题的主因不是学生而是教师。教师的教学实践并没有真正从学生的实际能力出发，没有真正考虑"我们的教学（指导）能为学生提供哪些实际的帮助"。在后一次教学中，我就将说话练习定为填空式的仿写，让学生在给定情景中，模仿文中的句子来学"称赞"。学生有了一个假定的对象，再加上对例句的仿造，说话难度自然降低了，参与说话的学生也多了。其中部分能力强的学生，还会自己组织称赞的语言去表达。这让我再次感到"创"是我们最终要追求的目标，但它的基础必须先"仿"。

第三节 班级读书会

一、概念释义

班级读书会，顾名思义就是以班级为单位，有计划地让学生读同一本书，然后进行多种形式讨论和交流的学习活动。

相对于其他阅读形式而言，班级读书会具有很多优点：它的组织程度高，成员之间彼此熟悉、了解；教师往往自然而然地成为读书会的组织者、领导者，在成员中具有较高的权威性，比较容易引导学生走上正确的道路；可以直接利用教室作为活动场地，活动时间也比较容易控制等。班级读书会，是泛在阅读的重要形式，因为其组织性、系统性、大众性和娱乐性，而具有较高的教学价值与实践意义。所谓组织性，即班级读书会不是自发的、无序的阅读活动，而是在教师的指导下开展的活动。所谓系统性，指的是班级读书会在目标导向下，有计划、分步骤地开展活动。所谓大众性，指的是活动涉及全班的每一个同学乃至每一个家长。所谓娱乐性，指的是读书活动能带给全班的每一个人愉悦、轻松的心情，而不是一种无奈。班级读书会的价值就体现在这"四性"之中。

二、班级读书会的教学原则与实施策略

（一）教学原则

组织性原则：组织性概言之就是有序性。从小学一年级到小学六年级，从初中一年级到初中三年级，从高中一年级到高中三年级，读书会都不是随意的、零星的，而是一以贯之的，这就是组织性的具体体现。

系统性原则：这是在组织性基础上的一个选择。作为一个系列的读书活动，它是思维的进阶，思想的升华，情感的飞跃，是人文精神慢慢放大的过程，因而在设计活动时，必须使其具有科学性、合理性，选择读物以及组织活动必须有整体规划。

发展性原则：读书的目的是为了丰富学生精神世界，增加学生阅历，扩大学生视野。可见促进学生的进步与发展是班级读书会的最终目标。如果不能给学生带来真正意义上的进步，那么读书会的存在价值就丧失了。

（二）实施策略

班级读书会的主要策略是分步推进。所谓分步推进，就是教师在每一个阶段选择一个比较容易实现的目标，在此基础上设计活动形式，选择阅读材料，且保持材料的连续性、阶梯性和发展性，以促进活动有序、有效地进行。

【案例】

如何开展班级读书会

一、规范操作程序

（一）制订明确的目标

任何教育活动都有终极目标和阶段目标。就班级读书会而言，它的终极目标有以下三个：一是培养学生阅读优秀课外读物的习惯，让学生体验阅读带来的满足感和幸福感；二是扩大学生知识面，增进学生自我成长和反省的能力；三是指导学生如何正确阅读书籍，提升学生思考和批判阅读的能力。

班级读书会的阶段目标，应依据不同学龄段、不同读物、不同学生的实际情况而制订。如阅读《夏洛的网》时，学生处于五年级下学期，班级读书会刚开始举办不久，阶段目标主要定位在对课文内容的理解上，而且阅读时间应持续一年左右。而阅读《乌丢丢的奇遇》时，师生均对班级读书会有了一定的操作经验，阶段目标就应定位在多元化地解读文本思想内涵上。

（二）选择优质的阅读材料

开展班级读书会的最佳方式是大家共读一本书，然后集体交流。因为是共读一本书，所以这本书的文学质量会决定全班学生泛在阅读的质量。儿童正处于思想的成长期，他们在进行泛在阅读时需要有经验的成人的指导与点拨，尤其是对整本书的阅读时。因而，教师应当承担选择与推荐书籍的任务。

什么样的课外书适合学生读呢？从内容上说，第一，应符合学生心理发展的程度；第二，内容积极向上；第三，文字不要过于艰涩，插图要漂亮，情节要生动。从形式上说，第一，书的大小要适合学生捧读；第二，纸张不反光，以免对学生的眼睛造成损害；第三，装订牢固，容易翻页，图案色彩不俗艳；第四，每页字数适当。如果选择翻译类的书籍，一定要注意翻译者和出版社的权威性。

而我在实际操作中，更倾向于向学生推荐当代的优秀儿童文学作品。因为，它们不仅符合上述几个要求，而且作品的想象力更丰富，内容更贴近儿童的实际生活，更能满足他们的需要。

如《夏洛的网》一书，是美国作家E.B.怀特继《精灵鼠小弟》之后的又一经典之作，由知名儿童文学作家任溶溶翻译，少年儿童出版社和上海译文出版社联合出版发行。故事内容较为简单：小猪威尔伯由于蜘蛛夏洛的舍己精神而逃脱了被宰杀的命运，从而产生了一段关于爱的故事。但这个故事却给我们带来了极大的震撼，且听学生们的阅读感言：

"《夏洛的网》，是一首关于生命、友情、爱与忠诚的赞歌！读它吧，带着火一般的热情与虔诚。因为，总有一种感动让我们泪流满面！"

——周琬宜

"这是一本关于友谊的书，更是一本关于爱和保护、冒险与奇迹、生命与死亡、信任与背叛、快乐与痛苦的书。它几乎是一本完美的书。蜘蛛夏洛和小猪威尔伯的故事，让人落泪。"

——李欣懋

"一个关于爱的童话

一只蜘蛛和猪的友谊

一份最真挚的情感

一个催人泪下的故事

在这张爱的大网下

静静地坐着你和我……"

——张婉莹

我还向学生推荐了《乌丢丢的奇遇》，是我国著名的儿童文学作家、诗人金波老人的作品。这是一部纯净、凄美的童话，充盈着作家在漫长的生命道路上的感悟与发现、智慧与思想，探讨了一系列饱含诗性情怀的主题：生命与爱的真谛；童年梦想与记忆的诗学；友谊、信誉与时间；老年与死亡等。文中的诗歌和儿歌，就像美丽的宝石一样，提升了整本童话书的艺术价值。当我读完这本书后，仿佛重温了童年时代稚嫩的思索和梦想。于是，我将它推荐给了全班学生。在最后的读书汇报展示活动中，学生们通过讨论，郑重地将该书的主题定为：用爱回报生命！

（三）妥善安排阅读时间

1. 保障活动时间。目前，在小学的课程表中还没有开设泛在阅读课。那么，如何保障班级读书会的时间呢？我利用学生中午的在校时间，让学生独立阅读或小组交流，然后减少对教材课文的烦琐分析，每周挤出一个课时指导学生进行话题讨论，再布置30分钟以内完成的阅读随笔作为课外作业。这样既开展了班级读书会，又逐步培养了学生的阅读习惯。

2. 计划阅读进程。由于班级读书会是以整本书为阅读对象，并且需要一边读，一边品，一边思，一边写，因此，整个活动的持续时间较长。我们班阅读过的两本书，短的三个月，长的近一年。教师应在活动之初，划分阅读章节，拟订大致的讨论话题，以此掌控学生的阅读进程。

就《乌丢丢的奇遇》一书，我拟订的话题如下：

话　题	章　节
1. 小脚丫从哪里来	第一至第三章
2. 学生的情话	第四至第五章
3. 童年记忆	第六章
4. 蔷薇与蝴蝶谁更幸福	第七至第八章
5. 鸡蛋开花	第九章
6. 一颗真正的心	第十至第十一章
7. 残缺与美	第十二章
8. 爱是什么	第十三章至尾声

以上的话题讨论不能机械地强行规定每周完成一个，而要视学生的阅读兴趣与阅读进展情况而灵活有序地完成。

（四）分工合作　提高效率

对于阅读起点不同的学生，在小组承担的任务也应不同（起点高的主持讨论，起点中等的记录摘要，起点低的负责汇报）。在活动初期，允许个别学生继续写摘抄似的读书笔记。灵活地给学生分配任务，可以提高学生的阅读效率。

（五）阅读交流　展示成果

阅读交流是班级读书会的组织中最重要也是最难的一环。教师，作为班级读书会的领导者与组织者，要自始至终地发挥引领作用，引导学生入情入境地与书中的人物进行对话和交流。

1. 导读激趣

泛在阅读的关键在于激发学生的阅读兴趣。因而，教师的导读尤为重要。请阅读下面的《夏洛的网》导读实录。

《夏洛的网》导读实录

师：（出示一本《人民教育》杂志）同学们，我手里拿着的这本书是国内很权威的教育杂志——《人民教育》，凡是关心教育、从事教育的人都要读它。你们在学校阅览室里看到过这本书吗？

生：看到过。书架上有！

师：这一期杂志隆重地向全国的教师、学生推荐了一本书，而推荐者是一位有名的小学语文特级教师。

（交头接耳：是什么书？）

师：我把其中的一段话念给大家听！"现在，世界上优秀的人群分为两大类，一类是读过《夏洛的网》的人，一类是将要读《夏洛的网》的人。"

（兴奋了，究竟是什么书？）

师：（出示《夏洛的网》）这就是《夏洛的网》。来，大家传看一下。

（高兴地传看《夏洛的网》，浅绿的封面，素描式的插图，清晰的字迹，良好的纸张，都让学生爱不释手。）

师：你们看过电影《精灵鼠小弟》吧，它是根据同名小说改编的。写这本书的作者就是写《精灵鼠小弟》的作者。《夏洛的网》既是写给学生看的，也是写给大人看的。它讲述了发生在一只蜘蛛和一只小猪之间的故事。昨天，我读完了这本书，心里有说不完的感动。这本书，让我再次认识到了什么是生命，什么是友情，什么是爱，什么是人性之美。（将四个关键词写在黑板上）

同学们，也许现在的你们对这其中的好些词还感到很茫然，但它们都值得你们用一生的时间，去思索，去追寻，去品味。读了《夏洛的网》，我想你们一定会对这些词语有所感悟，有所感动。那时，你会发现，自己长大了！

当然，这本书也非常的有趣，在阅读时，我甚至忘记了吃饭。（学生大笑）相信我，这绝对是一本好书！

抓住学生的阅读心理，是导读成功的重要策略。第一步，通过权威的教育杂志上描述的一位特级教师对《夏洛的网》的推荐文字，引发学生的好奇心："这究竟是一本什么样的书呢？"第二步，让学生传看书籍，观察封面，调动他们的多种感官与《夏洛的网》进行初次接触，增进学生对书的亲切感。第三步，教师倾诉自己真实而深切的阅读感受，激发学生强烈的阅读欲望。

2. 通读知意

阅读是一个从整体到部分再到整体的过程。泛在阅读指导，也应当有这样一个过程。在班级读书会中，当学生拿到同一本书籍后，就应当安排学生自觉地通读全书，学生可以不求甚解，但一定要了解全书大意。

三年级的学生已经具备了写故事梗概的能力。于是，我希望每个学生都能在通读全书之后，写出故事梗概。如个别学生有困难，可参考书中的内容简介，也可与他人合作撰写。其目的是，不给学生增加负担，打消个别学生动笔的畏难情绪，保持其阅读兴趣。

通读全书后，学生对整本书的故事情节有了一些印象，对故事的主题思想也有了一些认识，这为后来的话题讨论、深化阅读打下了基础。

3. 共读品味

班级读书会最显著的特征是，师生共读一本书，书是有章节的，而阅读的过程也是有阶段的。通过一个个话题的讨论，循序渐进地走进文本，走进人物的内心。

朗读导话题

《夏洛的网》第三章"逃走"讲述了小猪威尔伯来到谷仓里，过着温暖而舒适的生活。六月的一天下午，威尔伯突然感到寂寞无聊。一只母鹅鼓动并指挥威尔伯离开谷仓，到林子里去游荡。

师：咱们先自由地读一读母鹅的话。

生：（读后纷纷笑）这只母鹅是个结巴吧！

师：何以见得？

生读："你用不着待在那脏兮兮——脏兮兮——脏兮兮的猪栏里……有一块栏板松了。顶顶它，顶顶——顶顶——顶顶它，照我说的做，出来吧！"

"我豁出去——豁出去——豁出去再说一遍……我劝你出来。外面棒极了。"

……

师：你们发现这只"结巴"的母鹅每个词重复几次？

生：三次。

师：有什么原因吗？

生朗读讨论后，兴奋地模仿生活中鹅的叫声。

师：真聪明！朱克曼先生以为威尔伯要逃走，就派出雇工、猎狗去拦截他。这时，农场里所有的牲口都激动了，他们七嘴八舌地指挥威尔伯逃窜。

师：请各小组分角色地读一读这部分的内容，看看你能否找出每个角色的个性特点。

（分角色朗读）

（小组表演后讨论）

生：母鹅自以为是，把自己的想法强加给威尔伯。

生：公鹅也不甘示弱，觉得自己最聪明！

生：马就像是个"包打听"，老竖着一对长耳朵打听消息。

生：那群羊虽然懦弱，但也抓住机会表现自己。

生：牛的年纪可能大点儿，比其他动物稳重多了。

师：书后边会写到与威尔伯肝胆相照的蜘蛛夏洛、爱耍小聪明的老鼠坦普尔顿。读着读着，我怎么觉得谷仓里的这些动物那么熟悉呢？

生：（思考，顿悟）谷仓就是一个小社会，那些动物就是社会中的成员！

师：咱们再分角色有感情地读一读，看看你从这些动物的身上能找到谁的影子。

（再次分角色有感情地朗读）

生：我觉得威尔伯就像我们这些小孩儿。他的快乐就是一桶泔脚，里边放着牛奶和膨松饼，它根本就不知道自由是什么。

生：自由的快乐对于才两个月大的威尔伯来说，太深奥了。

师：那大家让威尔伯去追求自由，到底好不好呢？

生：母鹅本意是为了威尔伯好，这不可否认。但她太不了解威尔伯了。她以为她的快乐就是威尔伯的快乐，这是不对的。

生：其他的动物也是如此，他们渴望的东西得不到，就希望两个月大的威尔伯能帮他们实现理想。威尔伯真是可怜！

……

一般来说，班级读书会不能像日常的语文阅读课那样用很多时间让学生朗读，但必要的朗读时间、朗读点拨还是需要的。正是这样充满激情的朗读，让学生披文入情，在阅读中体会，在阅读中感悟。从"谷仓"看到了社会的一个缩影；从"母鹅"的瞎指挥中看到了成人将自己的意志强加于儿童的现实；在威尔伯的身上看到了自己的影子，实现了与文本的真正对话。之后，学生写下的阅读随笔就显示了"童眼看世界"的纯真与清澈。

"我们就是风筝，想越飘越远，而牵线的总是我们的父母。也许我们就是威尔伯，永远逃脱不了现实。但我们有追寻快乐的自由，也许在我们这个年龄还不懂得什么是真正的自由，但是我们都和小猪威尔伯一样，有快乐思考与选择自由的权利。"

——周琬宜

"母鹅是一只鹅，一只又老说话又结巴的母鹅呀！怎么会知道一头娇小的猪心中想的是什么呢？"

——颜子雯

"在现实生活中，父母们总是按照自己的想法要求我们做这做那，即使我们不愿意，也不敢违背他们，甚至根本不知道该怎样违背。我们就像逃跑时的威尔伯，自己的心中也没有方向。而父母们总说：'这是为了你好！'可我真没有觉得有哪点儿好，至少现在没觉得。"

——张芮瑜

二、班级读书会的效应

（一）提高了阅读教学的有效性

开展班级读书会以来，学生在泛在阅读中成长、发展，有力且有效地补充了课内阅读。我欣喜地发现，学生们爱读书，能静下心读书，乐意写阅读随笔，理解与写作的能力也在进步。因为有了班级读书会，我们学习教材课文的时间减少了，课外作业更是以完成班级读书会的任务为主。尤其是寒暑假和几个小长假，学生的课外作业就是整理阅读随笔，并为其设计插图、封面，学生们乐此不疲。而且学生的语文成绩稳步上升，在全区统一的调研测查中，我班的语文成绩平均分达 96 分。这也从一个侧面说明了班级读书会对提高语文素养的确是行之有效的。

（二）取得了家长的信任和支持

活动初期，不少家长对展开班级读书会活动持怀疑态度，一是担心影响学生的学习成绩（即考试分数）；二是担心活动能否坚持下去。一年之后，学生们的第一本书《〈夏洛的网〉阅读感受集》出炉，当学生们捧着自己的得意之作请家长作序时，家长们才重新审视了我们的这一活动。家长感动之余，更是与学生共读，并提笔写下了自己的感想。从此，家长们不仅大力支持我们的班级读书会，还大力支持学生自主的泛在阅读。如《乌丢丢的奇遇》一书就是一位家长为全班同学购买的。学生们还反映，家长为他们主动购买的"XX密卷""XX习题库"之类的教辅书少了，文学类的书刊多了。同时，亲子阅读也悄然走进了我班绝大多数学生的家庭，父母与子女之间，因为阅读，因为阅读后的交流，更亲密了。

请看家长们写下的感受：

（关于班级读书会）

夏洛用蜘蛛丝编织了一张爱的大网，这网挽救了威尔伯的性命。感谢老师用自己的爱心之网成就了学生的进步。希望老师今后多向学生推荐这一类书，让学生心中继续保有那深深的感动，以激荡无限的爱与温情。

——范丁琳的家长

感谢老师让有阳能够阅读到这么一本有意义的书。在有阳的几篇随笔中，我明显感到了他在思想认识上的进步，因而感到十分欣慰。以后我们也会引导学生多读此类书籍，与老师配合，让有阳更上一层楼。

——刘有阳的家长

从去年开始，老师让女儿全班同学阅读《夏洛的网》一书，而且引导瑜儿在阅读的同时写下自己对内容的点滴体会。这样的读书方式，能让学生去思考、去领悟、去感受书中所写的情节和内容。瑜儿也不例外，她认真地去读书，而且写下了七篇阅读感想，在她把它们整理成册的时候，我才细细地阅读起来，这才感到，通过阅读，女儿长大了！

——张芯瑜的家长

（关于书的主题）

《夏洛的网》是一本好书，我和儿子一起读的，我哭了，儿子也哭了。我们被一种力量所深深折服，那就是爱。现在的社会缺少爱，《夏洛的网》却能指引我们去寻找爱的社会。

——赵习钧的家长

夏洛通过帮助威尔伯，提升了自己的生命价值，也与威尔伯建立起了深厚的友谊。而现实生活中，友谊过于泛滥化，酒友、牌友、网友、驴友……那不是真正的友谊，而只是某些方面有共同的兴趣而已，相当一部分经不起时间、金钱、挫折的考验。

——李彦培的家长

（关于学生的成长）

吕奇，有幸读了你写的阅读随笔，真为你感到高兴。现在的你，不光有流畅的文笔，更重要的是，你懂得了思考，懂得了爱，体会到了永恒的友谊！

其实，妈妈很不情愿你就这样长大了，因为你日渐丰满的翅膀将完全挣脱妈妈的呵护，妈妈真有点儿失落。但妈妈又明白"海阔天高任鸟飞"的道理。看着你的成长，妈妈心中又是欣慰，又是那么的无奈。

吕奇，你将进入你的中学时代，妈妈希望你一直爱书，学会正确地思考问题，你总能从书中取得收获，获得启迪。

——吕奇的家长

感谢《夏洛的网》，让我产生了一种深深的自责和对人生的反思，让我重新审视了女儿真正的需要。就如同她写道："我们就是风筝，想越飘越远，而牵线的总是我们的父母。"在以后的岁月中，我会更加尊重女儿的愿望，尊重她对自由与快乐的思考和选择的权利。但"儿行千里母担忧"，牵引风筝的那根线，我会松得更开一些，但绝不会放手，在女儿的青少年时代更是如此。请女儿理解。

——周琬宜的家长

我们这些每天都以忙碌为借口，忽略了开始对人生进行思考的你，在面对学生日益成熟的人生观和世界观时，会显得茫然和不知所措的事实。

素质教育，家庭仍然是学生的第一课堂。做父母的人，难道在关心学生生活的同时，不应该更多地关注他们的情感吗？读学生读的书，努力与他们交流，在教化学生的过程中，也在学生身上得到一些感悟和启发。

——张婉莹的家长

每当我的目光行走在这样的字里行间，一种成就感和满足感就会油然而生。班级读书会，就像一条清新的小河，流过了学生、家长和我的心底，传递着亲情、友爱、尊重、感恩、理解。同时也为我们的生活注入了思考、辨识、反省等多种元素，提升着我们的生命价值。泛在阅读，给我和孩子们以及孩子的家长们带来了精神的满足与幸福。

三、值得关注的两个问题

班级读书会是一种新的阅读形态，既然是新生事物，就有许多有待完善的地方。

（一）书源问题

班级读书会的最佳方式是大家共读一本书。目前，社区、学校的图书馆藏书状况很难达到班级读书会的要求。因而，寻求家长的经济支持，是现在比较实用的解决方法。

但是每搞一次活动就让学生购买一本图书，如果是在经济不发达的地区，或经济能力有限的家庭中就难以实现了。像我自己的教学班，有家庭经济困难的学生，有的只能是教师赠送，有的只能是向教师借阅。但长此下去，我担心购书时，就会给那些学生带来心理压力，对他们参与班级读书会的兴趣产生负面影响。

（二）书目的序列性

如果要让班级读书会成为伴随学生成长的长期活动，班级读书会的阅读书目就应当具有序列性。教师应根据不同学龄段的特点，选择适合不同学龄段学生泛在阅读的经典儿童文学读物，班级读书会的阅读书目应由浅入深地引导学生走进泛在阅读的乐园。而且，教师还应探索出不同学龄段学生的阅读活动形式和汇报形式，并注意收集学生一至六年级的阅读成果，这对于培养学生的阅读兴趣和阅读习惯，是一件十分有意义的工作。

但这个工作好比一个大工程，它需要教师具备丰富的文学素养，还要具备阅读经典的能力和与时俱进的阅读触角，以及持之以恒的意志。因此，这个工作渴望得到文学界、出版界、教育界等社会力量的广泛关注和指导。

在中国台湾地区，有一种普遍的说法：班级读书会，是教师经营班级的另类策略。回首自己近两年来对班级读书会的思考与实践，我深切地感受到在师生共读分享的历程中，我能触摸到学生成长与改变的点点滴滴。凭借着阅读与讨论的平台，学生开始懂得了思考，懂得了阅读。

我想，当学生们真正爱上了阅读，书香便会无声地滋养他们纯真的童心，让它日益聪颖、丰富、柔软、坚强。在他们遇到人生挫折时，能随时拿起一本书，寻求心灵的慰藉。那么，世界、社会、生活对于他们，既是未知难寻的，又是已知可得的。任眼前飞花迷眼，迷雾深锁，只要有一颗爱阅读的心，总能找到宁静，找到光明。人生路上，手握书卷，从容前行，这正是社会对他们的期望。

第四节 群文阅读

一、概念释义

什么是群文阅读？顾名思义，就是在教学现场，在较短的单位时间内，呈现四五篇，甚至更多篇目的文章，围绕同一个议题或几个议题进行的集体阅读活动。这里提到的"群文阅读"，特指在教材内容基础上，建构以一定议题为依托，以粗读、略读为主要方法，以分享感悟为核心，以探索发现为旨趣的教学活动。

"群文阅读"的特点主要体现在以下几个方面。

一是大量阅读在课内完成。一般在40分钟内可以引导学生阅读6到8篇文章。二是以主题整合单元，以群文拓展主题，突破语文教学"课文平行、主题并列"的瓶颈，实现递进式语文教学。三是以"五步教学"为基本的教学策略。四是能激发教师有效利用现有课程资源和自主开发课程资源。

二、群文阅读的基本原则与实施策略

（一）基本原则

群文阅读遵循一条最基本的原则，那就是整体性原则。所谓整体性，是在以主题为中心的阅读活动中，所选择的一组阅读材料一定是紧紧围绕这个中心展开的。

（二）实施策略

以"主题再现—阅读览胜—片段分享—精彩赏析—主题拓展"五步法为主要策略。

第一步"主题再现"：通过简要回顾单元内几篇文章的主要内容，提炼出这个单元的主题，画出"知识树"，厘清脉络。这种方式可以在较短时间内进一步把握文章内容和线索，这是对学生归纳概括能力的训练，它能使学生达到可以用简练的语句对文章内容进行概括的目的。

第二步"阅读览胜"：组织学生在回顾课内文章的基础上将触须延伸

到课外的同步阅读，这同样需要学生对同步阅读的几篇文章进行整体把握。在课堂上，多数学生都能借助课外阅读的相关内容填写的"阅读记录表"，以较为准确地把握已阅读的文字。

第三步"片段分享"：片段分享是群文阅读课堂教学的主体环节。在这个环节中，开展民主、多元、互动的对话，不仅能让学生们一同分享阅读心得，而且能营造出浓厚的团队读书氛围，提高个体与群体的阅读素养。在这里，学生的感悟无论是深刻还是肤浅，都是属于他们自己的独特感悟，教师都应充分地尊重，从而让他们感受到阅读的喜悦。教师应扮演好自己在活动中的角色，即教师是学生阅读兴趣的激发者，是学生开展阅读活动的引导者，是班级读书会的组织者，也是阅读活动的参与者与聆听者。

第四步"精彩赏析"：在学生充分交流的基础上，教师也需要在一两个点上引导学生的思考向纵深发展。这就需要教师设置一定的话题。话题是讨论的灵魂，一个好的话题，既能反映阅读材料的主题，又能激活学生的阅读积累和生活经验，触动学生思维和心灵的琴弦。好的话题可以是对学生阅读中可能存在的疑问的预设，也可以是课堂上临时生成的。但一般有价值的话题产生于这样四个方面：一是着眼于对作品的整体把握；二是产生于学生的认知冲突或矛盾点；三是来源于作品的文体特征和作家的表达风格；四是能够链接学生的生活和感情世界。

第五步"主题拓展"：课文教学只相当于一个例子、一块试验田、一把钥匙，更广阔丰富、更生动多变、更精彩的世界在课外、在生活中。主题拓展就是将课内的学习主题与课外的生活世界联系起来，将课内的阅读与课外的阅读联系起来，从而深化认识，提升品味。

📖【案例】

《励志小故事》群文阅读教学设计

◇设计理念

习近平总书记提出的"中国梦"这一宏伟愿景，彰显了全国各族人民的共同愿望。中国梦，也是每个中国人的梦！"少年强，则国强"，作为新世纪的少年更应从小树立理想，长大后报效祖国。通过一系列的梦想、励志故事，让学生感悟人生，发现人性的光辉，读懂生命的意义，享受生活的乐趣。

◇教学内容

·阅读《别让任何人偷走你的梦》

·阅读"十个成功励志小故事"

◇教学重难点

·让学生在小故事中感受它所包含的大道理，引导学生怀揣梦想，调整心态，走向成功。

·让学生认识群文阅读，提高阅读效率，提升阅读兴趣。

◇教学准备

组文、多媒体

◇教学过程

一、谈话导入

（一）谈话一

我们国家现任的国家主席是谁？他提出了一个什么愿景？我们今天进行"励志小故事"群文阅读，希望能让大家有所启发，以调整心态，走向成功，实现"我们的梦"。

（二）谈话二

什么是群文阅读？所谓"群"，就是聚集在一起；群文阅读，就是把一组文章聚集在一起阅读、学习。下面，我们先来读一则关于"梦想"的小故事。

二、阅读《别让任何人偷走你的梦》

（一）示范阅读

思考：文中主人公是谁？他有一个什么梦想？老师是怎样评价主人公的？

（二）自由阅读

读完这篇短文，你想说点什么？（学生回应，注意引导：他是怎样坚持自己的梦想的？他的梦想实现了吗？光有梦想还不行，还需要什么？）

（三）小结

坚持＋奋斗　　　梦想成真！（板书）

三、阅读"十个成功励志小故事"（尊重学生的个性，进行不同的阅读体验）

（一）要求

阅读"十个成功励志小故事"，然后选择自己最喜欢的或最能触动自己心灵的几个小故事再次细细品味，说出自己喜欢的理由。（可结合故事或联系生活实际谈一谈）

交流前，说清楚自己喜欢的是第几个小故事，题目是什么，再说喜欢或触动心灵的理由。

（二）交流

《相信自己是一只雄鹰》　感受1：磨炼召唤成功的力量。

引导：环境对人的影响，"近朱者赤，近墨者黑"；"置之死地而后生"……

《五枚金币》　感受2：珍惜生命，走出挫折的沼泽地。

引导：鼓励的重要性，成功需要用信心去战胜困难、挫折……

《扫阳光》 感受3：把封闭的心门敞开，成功的阳光就能驱散失败的阴暗。

引导：想起艾青的《太阳的话》："打开你们的窗子吧，打开你们的房门吧，让我进去，让我进去……让我把花束，把香气，把亮光，温暖和露水撒满你们心的空间。"

《一只蜘蛛和三个人》 感受4：有成功心态者处处都能发现成功的力量。

引导：对同一事物，不同的人用不同的心态观察到的结果也会迥然不同。第1人失败，第2人变通，第3人坚强……

《自己救自己》 感受5：自己救自己。

引导：求人不如求己，不要凡事依赖他人，否则你就是那棵永远不能成活的"桃花心木"……

《让失去变得可爱》 感受6：成功者善于放弃，善于从损失中看到价值。

引导：对自己毫无用处的东西，为什么不拿去成全别人呢？假如这双鞋被卖火柴的小女孩拾到，那不就有用了吗？不要总是沉浸在失去的痛苦中，也许"失去"也是一种好事呢！

《请不要开错窗》 感受7：打开失败旁边的窗户，也许你就看到了希望。

引导：看事情不要总往坏处看，也要看到好的一面，乐观面对……

《人生的感受》 感受8：中年以前不要怕，中年以后不要悔。

引导：既然选择了就不要害怕，只顾风雨兼程；做了就不要悔，悔也没用……

《司机考试》 感受9：不要和诱惑较劲儿，而应离它越远越好。

引导：金钱、名誉、地位都不及生命重要，生命对于每个人只有一次……

《狮子和羚羊的家教》 感受10：记住你跑得快，别人跑得更快。

引导：这是一场生死角逐的竞赛，不过我希望把它看成是学习中的你追我赶……

四、推荐阅读——阅读励志书籍《小故事大道理》

（一）小结

小故事，往往包含着大道理，能让你发现人性的光辉、生命的意义以及生活的乐趣。希望今天的阅读能让你们有所启发，并在阅读中提升阅读兴趣，收获阅读的快乐。

（二）送给学生们几句立志名言

人生只有走出来的美丽，没有等出来的辉煌。

我不去想是否能够成功，既然选择了远方，便只顾风雨兼程！

生活不是等待风暴过去，而是学会在雨中翩翩起舞。

人生应该如蜡烛一样，从顶燃到底，一直都是光明的。

我走得很慢！但我从不后退！

人生最大的失败，就是放弃。

想要逃避总有借口，想要成功总有方法！不为失败找借口，要为成功找出路！

命运如同手中的掌纹，无论多曲折，终掌握在自己手中。

你若有一个不屈的灵魂，脚下，便会有一片坚实的土地。

◇教学后记

出差在外，在地铁上接到学生的电话，告诉我她数学考试成绩得了全班唯一的满分，而且附加题全班只有她一人全对，把班里数学最牛的男孩都打败了。电话里听得出她掩饰不住的喜悦。出差回来，拿到学生的试卷，与她分享这一份喜悦，发现附加题是一道我都不会做的奥数题，可学生的解题思路清晰准确。我吃惊地问学生是怎么做出来的，学生告诉我，是在我给她买的数学童话书中看到过类似的题目，因为学生喜欢数学童话，看了很多遍，考试时看到题目就会做了。一直以来，我都把激发学生的阅读兴趣，拓宽学生的阅读面作为小学生学习最重要的事情来做。阅读不仅是语文学科的事，所有科目的学习都离不开阅读。短期内也许看不到效果，但长期坚持阅读，必定会让学生的学习更轻松。这次，学生的数学成绩能取得突破，与她平时大量地阅读数学童话是分不开的。我应该抓住这次机会，让学生爱上数学、爱上语文、爱上阅读。我相信，这一定不是梦。

学生的阅读能力有一个发展过程，依据学生在阅读过程中思维的范围、深度和水平的不同，苏霍姆林斯基对学生的阅读技能训练分阶段地提出了几个要求。

一、在阅读的同时进行形象思维，通过再造和想象理解阅读材料的言语意义

首先，要"迅速地、有表情地、有理解地阅读"。为此，必须"一下子能用眼睛和思想把握住句子的一部分或整个的较短的句子，然后使眼光离开书本，念出所记住的东西，并且同时进行思考"。眼睛一刻都离不开书本的阅读，这还不算是真正的阅读。如果学生在阅读过程中不能感知任何东西，那么他实质上就是不会让阅读和思考同步，正因为如此，这种阅读才不能称为有理解的阅读。

其次，要学会默读。他说："在少年期，默读能力具有头等重要的意义。"要学会默读，就要具有"一眼看下去就把握住一个长句的完整意思"，如果"不掌握这些能力，学生的思维就会变得迟钝"，"而且会影响到脑的解剖生理发展过程"。

再次，达到自动化程度。他说阅读达到自动化程度是读书时进行完善的逻辑思维的最重要的条件之一，"必须使阅读能达到这样一种自动化的程度，即用视觉和意识来感知所读材料的能力要大大地超过'出声地读'的能力。前一种能力超过后一种能力的程度越大，学生在阅读时进行思考的能力就越精细，——而这一点正是顺利地学习和整个智力发展的极其重要的条件。"

这一阶段的阅读偏重于对"读"的技能的要求，由流畅地朗读上升到默读，再发展到自动化地读。在阅读中围绕读物进行思考，即"思考眼前所

读的东西"和"与所读材料有联系的某些画面、形象、表象、事实和现象"，其主要目的在于通过形象思维理解读物的言语意义。这是阅读技能最基本的要求。这一要求达到后，"读"的训练基本完成，此后主要是提高阅读活动中的思维水平。

二、在阅读中进行抽象逻辑思维，理解读物的思想内容

首先，"能在阅读过程中对所读的东西进行初步的逻辑分析"。在此基础上，要求"能区分出所读的东西的逻辑上完整的各部分，找出它们之间的相互关系和相互依存性"。这就是说，要能在阅读中通过分析、综合、抽象、概括、推理等一系列思维活动，弄清读物的内部构成、组织、逻辑关系，深刻把握读物的思想内容。在这一阶段，思维水平由形象思维进到逻辑思维（并不排斥形象思维）；思维的内容从思考读物的言语意义深入到思考其内部构成和思想内容；思维的范围，依然主要围绕读物进行。

三、从理解性思考进入评价性、创造性思考，对读物进行正确的评判

这时，学生要进入在阅读时"没有想到自己是在阅读"的境界，主要精力用于思维，不仅思考读物本身的内容，还要能同时"听懂教师关于如何理解课文及其逻辑上的组成部分的指示"，思考"自己对所读的东西的看法等"。在这一阶段，要求学生阅读时以思考为主，对教材的理解由第一种进程转入第二种进程；思考的范围由围绕读物进行扩展到读物的内容之外，即在弄清读物言语意义、内部结构、思想内容的基础上，认识读物的意义，做出准确的评价，思考的性质从理解性思考进入评判性、创造性思考。此外，苏霍姆林斯基还要求学生掌握"能找到有关问题的书"和"能够在书中找到有关问题的材料"的能力。

综上所述，苏霍姆林斯基对阅读技能的要求既有阶段性，又有连续性。先侧重于"读"的训练，使学生的阅读达到自动化的程度，同时进行形象思

维理解读物的言语意义。在达到这一要求后，再致力于提高学生在阅读过程中的思维水平。学生通过一系列的思维活动，由形式到内容，由外表到内部，由部分到整体，由语言文字到思想内容，完成对读物的第一种理解进程。再从概括出的基本观点或中心思想出发，进行评价性和创造性思考，思考读物的思想意义和写作特点，完成对读物的第二种理解进程。实际上，这就是苏霍姆林斯基为在阅读活动中训练学生的思维能力所设计的秩序。

第五章 泛在阅读转识成智

· 泛在阅读教学案例点评
· 教师泛在阅读菁华览胜
· 体悟泛在阅读教学
· 中小学生泛在阅读拾贝

第一节　泛在阅读教学案例点评

朱永新先生认为："每一个生命都是一粒神奇的种子，蕴藏着不为人知的神秘，而阅读，能够……唤醒其所蕴藏的伟大和神奇。"因此，学校教育的根本使命在于唤醒学生对未知世界的探索欲望，激发学生的阅读兴趣，增强其自主阅读能力。阅读是人类文明传承的重要方式之一，也是学生与历史先哲们心灵对话的最直接途径，理应成为中小学生自觉的日常生活状态。所以，学校教育的核心任务之一就是培养学生自觉的阅读习惯、兴趣和能力。如果将这个任务完成，学校教育的核心价值追求也就达成了。反之，如果一个学生在十多年的教育历程中，没有养成自觉阅读的兴趣、能力、习惯，离开校园后就将"阅读"永远地丢弃，那么，这样的教育一定是徒劳无功、失败的教育。

阅读是使人终身受益的重要学习方式之一，学生通过阅读可以直接感受和领悟大师们的思想精髓，尽情吮吸其精神、思想的营养，给自己以智慧的启迪和追求文明进步的精神动力。课堂阅读教学就是利用课堂特有的精神文化传承氛围，引导学生明白阅读的意义，学会阅读的方法，养成阅读的习惯。"得法于课内，得益于课外"这句名言准确地表达了课堂阅读教学和课外阅读的任务和作用。培养学生的阅读习惯和兴趣，让学生掌握基本的阅读方法，是课堂阅读教学的根本目标。课堂阅读教学要着力于学生长期性的终身阅读习惯的养成，培养学生对中外经典思想文化的浓厚兴趣应成为课堂阅读教学的自觉使命。让学生自主、自由地驰骋于人类知识浩瀚海洋并有所获益，这才是课堂阅读教学最终目的达成的标志。

【案例】

诗歌《乡愁》阅读教学案例

◇教学设想

新课标要求：在阅读教学中要尊重学生独特的情感体验，要体现以"学生发展为本"的思想，突出学生的主体地位，培养学生的主动参与意识。《乡愁》是一篇让学生感悟和体验诗歌特点，对学生进行艺术熏陶和培养爱国情操的经典篇目。诗歌通过独创的意象、精巧的构思和完美的艺术形式，把个人的思乡之情上升到了普遍的对家国之思，具有浓厚的历史感、沧桑感、现实感和民族感。因此，教学中要尊重学生独特的情感体验，要以学生朗读体验为主，并借助现代多媒体教学手段营造诗歌的意境体验场，增强学生情感的可感受性，并在与其他乡愁诗的比较中去体会"乡愁"。

◇教学目标

·通过反复朗诵，学会分析诗歌的基本方法，体会诗歌的结构美和韵律美。

·欣赏诗歌，读出感情，理解独创的意象和精巧的构思对表达乡愁的作用。

·感受诗人思念故乡、热爱祖国的感情，明确祖国的统一是两岸同胞的共同心愿。

◇教学流程

一、情感导入，创设情景

（播放马思聪的《思乡曲》，营造思乡怀远的氛围）

同学们，你或许有过因与亲人小别而倍感思念的时刻，你或许有过因与亲人永别而深感切肤伤痛的时候，那丝丝缕缕的对亲人的思念与痛悼，那刻骨铭心、难于言表的伤感与惆怅，不是一个愁字可以言说的。面对这样的愁绪，这样的伤痛，该用怎样的语言和艺术形式来表达呢？让我们走进《乡愁》。

二、自读质疑，整体感知

下面，我们一起来欣赏台湾著名诗人余光中先生的《乡愁》，看看诗人在什么情形下想念家乡，看看故乡在诗人眼中又是什么模样。

（一）学生朗读

让学生一起朗读这首诗，并提醒学生注意读准字音。如有读错字音的学生，请其他学生帮助更正。

（二）教师点读

一人读一节。学生在朗读过程中，若有读错的字音，教师要及时正音。

（三）让学生根据教师的指导自学

让学生自读课文并尝试背诵课文，边读边体会《乡愁》这首诗所表达的感情。

（四）检查学生自学成果

让会背的学生背诵课文，若有错，请其他学生更正；背的比较流利的学生，教师要多加表扬，坚持鼓励性评价。

本环节为初识课文，让学生整体理解诗歌的主要内容，并帮助有困难的学生掌握字音等，为学生进一步品读课文扫除障碍。

三、合作探究，品味研读

同学们，大家通过自己的努力已能背熟整首诗了，现在就以学习小组为单位组织讨论（可使学生进一步弄懂某些词语的含义，如"这头""那头"指的是什么？），看看大家能否把布置的问题都正确回答出来。

·组织学生讨论第1题。（结合课文，说说你由"小小的邮票""窄

窄的船票""矮矮的坟墓""浅浅的海峡"而产生的联想；抽 4—5 名学生回答，教师择机引导）

·在学生回答的基础上，引导学生思考作者在各个时期的乡愁。最后，教师进行概括总结。

小时候，"我"外出求学、打工，最让自己思念的便是家中的母亲。对母亲的思念寄托在一封封家书之中，而保证这封信能够从"这头"到"那头"，关键就在一张邮票上，邮票便是小时候最突出的"乡愁"。长大后，在外边工作，最思念的是新娘，想见到新娘就要坐船回去，因此，船票是"我"的乡愁。后来，大概中年的"我"，祭扫母亲的坟墓时，脑海里浮现出昔日亲人的面容，却只见那一抔黄土，想着黄土下安睡的母亲。这"一方矮矮的坟墓"是多么令人痛楚，黄土的里外是两个决然不能沟通的世界，无家书可达意，无舟船可抵达。中年丧母是最令作者感到痛楚的，是作者的乡愁。以上三种乡愁是作者在三个特定时期产生的。

·台湾与祖国大陆，本应密切往来，但因历史原因而相互隔绝，既不能通邮，也不能通航，令人痛心！为什么？

本环节紧扣"邮票、船票、坟墓、海峡"这四个形象，采取对比方式，重点引导学生思考这四个形象分别反映诗人在不同时期的情感。

四、点拨释疑，朗读指导

·你能读出这些感情吗？（点名读）谁能有感情地背诵？（点名背）

·太棒了！你能不能给大家介绍一下你读诗的经验？（教师小结：读诗首先要把握好感情，语速适当，还要读出节奏和重音）

·下面我们开始朗读欣赏，谁先来？（教师：重音并不一定是重读，有时根据感情需要重音轻读。例如："乡愁是一枚小小的邮票"中"小小的"三字标为重音，但不能重读，而应轻读）

·在读诗的过程中，同学们和诗人的心进行沟通，读懂了诗人余光中先生那殷殷赤子情怀。诗言志，同学们能不能用形象的语言即兴表达出你思念父母的感觉呢？

本环节以对重点词句的理解为突破口，引导学生在有感情地朗读过程中体会"小小的""窄窄的""外面""矮矮的""浅浅的"等词语的深刻含义，从而加深学生对诗文的理解。在教学方法上突出了朗读，即读准节奏、读出内容、读出感情。在教学过程中突出情感和态度的培养，学生既学得了新知，又获得了能力，提高了学生的审美能力。

五、拓展延伸，比较阅读

·思乡是游子共同的心声。下面请同学们欣赏另一位台湾诗人席慕蓉的《乡愁》，自由朗读几遍后，比较席诗和余诗的异同。

（学生朗读，然后讨论，自由发言。）

教师：是啊，余诗与席诗尽管有很多不同的地方，但表达的感情却是一样的，那就是乡愁，这是一个常说常新的话题。

·通过这一课的学习，我们明确了此诗完美的形式，也学会了以形象写抽象的方法，那么让我们模仿此诗来写自己对母爱的理解吧！请大家把自己刚才没有完成的诗句填完。

模仿展示：

小时候，母爱是……

长大后，母爱是……

而今，母爱是……

·大屏幕播放罗大佑演唱的歌曲——《乡愁四韵》。教师：今后无论走到哪里，同学们都不要忘记故乡！

评析：

诗歌是情感的艺术，情感体验在诗歌教学中非常重要。诗歌又是语言的艺术，其高度凝练的语言所表达的情感丰富而厚重，语言品味在诗歌教学中不可或缺。诗歌因动情而感人，这是诗歌的共性；因独特而动人，这是诗歌的个性。要让学生真正学好诗歌，自己能自行研习诗歌，提高诗歌鉴赏力和文学修养，诗歌教学应有一套符合其自身特点与要求的教学方法。这节课的设计也依据了诗歌这种文学体裁的特点，教给了学生学习诗歌的一般方法：朗读（诗歌）—品味（语言）—理解（感情）—拓展（迁移）。

为了让学生了解《乡愁》一诗以独特的意象，严谨的结构，完善的形式抒发了浓厚强烈的思乡情怀，教师主要采取了以下四种诗歌阅读教学方法：

一是背景分析法。"知人论世"是诗歌阅读（或鉴赏）的前提和基础。诗歌区别于散文、小说的一个突出特点是其篇幅短小、手法多样、寓意含蓄，一般难以直接看出作者的情思与写作倾向。因此，教师有必要引导学生了解诗歌创作的年代及相关的时代背景，理解诗作诞生之前因后果，来龙去脉，了解作者创作的真正动机，把握其字面背后深藏的含义，正确领会作品主旨及其社会意义。本节课中，教师在课前让学生了解祖国大陆与台湾两岸隔绝的有关历史，从而帮助学生理解作者的创作目的以及通过诗作所表达的丰富情感。

二是比较分析法。比较有助于了解事物本质、区别事物特征，是把握事物本质、特质的一种重要方法。诗歌教学中适当地引入比较分析法，能使我们更为深透地了解诗歌的思想感情、风格特色、表现手法等内容，进一步帮助学生扩展学习内容、开阔视野和丰富知识。本课教学中，教师紧扣"邮票、船票、坟墓、海峡"这四个重点情境，采取对比方式，引导学生思考这四个情境分别反映诗人在不同时期的思想情感，从而感受诗歌独特的主旨思想和情感体验。另一方面，教师跨出本课的教学内容，引入席慕蓉的《乡愁》，让学生对比体会两诗的写作特点，从而加深对课文的理解。

三是品读赏析法。"三分文章七分读。"诗歌教学不仅要以情感人，体现诗歌特有的情感魅力，更要展现其丰富的内涵，体现诗歌独特的思想意境。从这个意义上说，一节好的语文课，感悟与理解缺一不可。诗歌的语言最凝练、节奏最和谐、寓意最含蓄、韵味最深长，因此，阅读是诗歌教学的最重要的方法。本课教学以阅读为主要的教学方式，用"学前读、学中读、学后读"贯穿教学始终，通过"阅读"让学生领悟诗人情思、领略诗歌意蕴。

四是词句分析法。诗歌是最讲究炼字、炼句、炼意的文学作品，是作者遣词造句、精心思考的结晶。尤其是那些富含言外义的关键词语，更需教师引导学生进行重点分析、体悟。本课教学中，教师以关键词句理解为突破口，引导学生重点体会"小小的""窄窄的""外头""矮矮的""浅浅的"等词语的深刻含义，从而加深学生对诗作丰富内涵的深刻理解。

【案例】

漫画欣赏阅读教学教案

◇**教学目标**

·通过引导学生赏析漫画，让学生了解漫画的特点，体会漫画世界的乐趣，理解生活与艺术的关系。

·学生尝试进行漫画创作，发展学生的观察力、想象力和创造力，提高其审美能力。

◇**教学重点**

了解漫画的特点、意义及艺术性。

◇**教学难点**

学习欣赏漫画。

◇**教学用具**

教具：电子白板播放工具、课件。 学具：笔记本或作业纸。

◇**教学过程**

一、视频导入

播放漫画《童年》。学生边观看边思考什么是漫画，并在看完后回答。

教师根据学生的回答，归纳总结出漫画的定义：漫画是以简单而夸张的手法描绘生活或时事的图画。一般运用变形、比拟、象征等方法，是一种讽刺性或幽默性的绘画。

二、漫画赏析

（一）引导学生

教师引导学生去欣赏漫画，一边欣赏一边引导学生分析漫画有哪些特点。

（以提问为主，通过问题激活学生思维，促使学生开动脑筋；尝试师生角色互换，即让学生主动提出问题，或由教师引导学生提出问题后，教师站在学生的角度尝试引导学生回答，用学生的回答来教会他如何欣赏漫画）

（二）简单总结漫画的特点

线条简明、造型夸张变形、不受时空的限制、针对性强，用图表意。

1. 把握漫画主旨：

啥东西——一丝不漏

啥联系——一线串珠

啥意思——一语中的

例1：一幅漫画由三部分构成，左上角站着一个俯身低头往下看的年轻人；他的下方也就是画面的中间部分，是一个由一个细长变形的艺术字"毒"字构成的地下洞穴；而洞穴的最底端，是一个面目狰狞的骷髅头和几根人骨。（理解：健康的人如果经过了"毒"的通道，可理解为吸食了毒品就会变成可怕的骷骨。主旨：吸毒是一条死亡之路）

例2：画面右上角的远处是一辆装载着木材的大卡车，还有几个扛着大斧子的男人；画面的中间主体部分是遍布的树墩，它们旁边生长着一些歪歪扭扭的仙人掌。（理解：根据画面的各种形象以及它们之间的联系，可以看到：遭到砍伐的树林，长出了适宜沙漠生长的仙人掌。主旨：滥砍、滥伐会导致土地的沙漠化）

2. 把握漫画的特征：

借物喻人，巧妙表意；

夸张渲染，突出特质；

幽默诙谐，辛辣讽刺；

以点带面，含义丰富；

对比强化，彰显特征。

（三）延伸教学

漫画的历史。教师给学生讲述"漫画"一词的词源。

（四）欣赏漫画

欣赏如今中国最具代表性的漫画作品，让学生讨论，然后请学生运用所学的方法，来赏析这些漫画。

（五）临摹创新

让学生临摹或创新自己喜欢的漫画形象。

评析：

漫画赏析课教学是以培养学生幽默感为目标，在借助课堂教学活动让学生在感受漫画带给人们快乐的同时，使学生对漫画的认知由粗浅感受上升到深入感知。漫画赏析教学不但能够提高学生的观察能力，而且有助于培养学生的观察力、想象力、创造力，有利于发展学生的审美能力和良好的心理品质。漫画赏析教学可以从以下几方面入手。

一是引导学生学会欣赏漫画。喜爱漫画几乎是每个人的天性，但喜爱并不等于会欣赏。因此，教师要在学生初步欣赏的基础上，引导学生解读漫画，帮助他们正确理解隐藏在作品中的丰富内涵。本课执教者在上课之前搜集了一些寓意明确的漫画，制作成学案，发给学生，提前让学生对漫画有了一个粗略的印象。上课时，教师播放了一些有代表性的漫画，用来吸引学生们的兴趣，并引发学生探寻漫画中惹人喜爱的因素，感悟创作者独具匠心的创作智慧。

二是关注学生观察能力的培养。漫画作品的原型大多源自人们的现实生活，因此教师在漫画赏析教学时应尽量选择贴近学生现实生活的漫画，充分调动学生丰富的内心世界。漫画主要是抓住人物形象的主要特点进行夸张性的表现，所以教师要注意引导学生观察、发现生活中人物形象的主要特点以及漫画作品中所刻意表现的人物形象特点。本节课中，教师充分发挥学生的主体意识，充分调动学生的兴趣，引导学生观察体会漫画形象的"夸张"艺术手法，从而感悟漫画的独特艺术魅力。

三是要加强对学生绘画技能的培养。漫画是以画像作为语言表达的一种艺术方式，需要学生掌握基本的绘画技能。进行漫画教学时，教师可适当让学生进行一些程式化的绘画练习，从而让他们学习和掌握一些基本的形象的表达方式。本节课上，教师鼓励学生将自己喜欢的漫画或动漫形象进行临摹或创新，进一步体会漫画和动漫与生活的紧密联系。

（梁多伟）

【案例】

地图阅读教学设计

◇教学目标

·通过观察各类地图，使学生掌握比例尺、方向、图例等基本知识，初步认知地图。

·通过读图、绘图、计算等实践活动，使学生初步学会辨别方向，查找地理事物，用比例尺量算两地间的距离，帮助学生初步建立地图的空间概念。

◇教学重点

·比例尺的计算

· 地图方向的判别

◇教学难点

· 利用指向标判别方向
· 利用经纬网判别方向

◇教学方法

· 讲练结合的启发引导式教学方法
· 结合地图进行讲练的直观教学法

◇教具准备

多媒体课件

◇课时安排

1 课时

◇教材分析

学生在日常生活中对地图接触较多，因此学生对本节课的教学内容相对来说有一定的兴趣。本节着重阐述地图的三要素——比例尺、方向、图例。这些都是读图、用图必须掌握的基础知识和基本技能。从教材结构上看，具有承上启下的作用，既是学习地球运动的延伸，又为之后学习"地形图的判读"奠定基础。

◇教学过程

一、导入新课

师：同学们，我们如果去一个陌生的地方旅游，通常需要借助一种工具，大家知道是什么吗？

生：地图。

教师指导学生观察中国台湾岛的卫星影像和地图，思考地图包括哪些基本要素。

师：比例尺、方向、图例。这就是地图的基本要素。今天，老师就和同学们一起来学习——地图的基本要素。

二、讲授新课

（一）比例尺

师：如果让你在一张纸上绘制一幅学校平面图，画多长、多宽合适呢？

（学生在纸上画）

展示学生所绘的简图。

师：大家能计算出图上长度是实际长度的几分之几吗？这个数值就是比例尺。接下来我们就来学习比例尺的计算。

【活动1】

比例尺的计算

展示一幅重庆行政区划图，要求同学们测量渝中区和江北区之间的直线距离，再告诉学生两区之间的实地距离约为35千米，教学生如何计算该地图的比例尺。

师：我们现在已经知道比例尺的计算方法，那么比例尺如何表示呢？

展示三幅中国地图，让学生找出这三副地图的比例尺是多少，比例尺有哪几种表示方式。

小结：比例尺的表示方式有数字式、线段式、文字式。

【活动2】

参照以上三幅图，完成以下测试。

数字式	线段式	文字式
1:5000000		
		图上1厘米代表实地距离80千米

师：我们已经知道比例尺如何计算以及比例尺的表示方法，那么不同

的比例尺该如何比较呢？

【活动3】

比例尺的大小比较。展示一幅比例尺为 1:3000000 和一幅比例尺为 1:80000000 的地图，让学生进行比较。

说明：重点强调比例尺是一个分式，分子为 1，分母越大，分式越小。

师：请同学们想一想：比例尺的大小和表示的范围有什么关系？比例尺的大小和表示内容的详略有什么关系？

【活动4】

展示中国地图和重庆地图（图幅相同），让学生进行对比并填写以下表格。

	表示范围的大小	表示内容的详略
大比例尺（重庆）		
小比例尺（中国）		

小结：大比例尺，表示的范围小，表示的内容详细；小比例尺，表示的范围大，表示的内容简略。

（二）方向

【活动5】

展示中国台湾岛地形图，提出问题请学生们思考。

· 关于图中方向的信息你是通过什么获得的？

· 图中的指向标指的是什么方向？

· 台北在台湾的什么方向？

· 基隆在台北的什么方向？

生：（讨论）

小结：在有指向标的地图上，要根据指向标辨别方向，指向标尖的一头一般都指向北方。

展示教材"有经纬网的地图"（世界地图），让学生思考怀特霍斯在温哥华的什么方向，尼皮贡湖在温哥华的什么方向。

生：（讨论）

小结：在有经纬线的地图上根据"经线指示南北方向，纬线指示东西方向"判断方向。

总结：方向是地图的基本要素之一。在不同的地图上辨别方向时，一般先确定北方。利用经纬网判别方向是最为精确的办法，是今后学习地理课和实际应用中会经常使用的方法。

（三）图例

师：图例是地图上表示地理事物的符号。它有助于用户更方便地使用地图，理解地图内容。地图符号一般包括各种大小、粗细、颜色不同的点、线、图形等。

【活动6】

阅读教材有关内容，找出课本上的一些典型的图例符号让学生们背下来。

总结：本课讲述了地图的三要素——方向、比例尺和图例。其中方向和比例尺是重点，图例是基础，都要认真掌握，学会在地图上计算距离、辨认方向、识别图例，我们就能够看懂地图了。

三、布置课后作业（略）

评析：

地图是学生获取地理信息的主要载体，更是地理教学中必不可少的重要内容。地图阅读教学是发展学生空间思维能力的重要手段之一，相较于地理的文本内容而言，地图形象、直观、简明、生动的特点，更有利于学生主动建构实际的地理形象空间，从而加强学生对地理事物的理解。在地图阅读教学中，一般要注意以下几点：

一是注意培养学生的读图兴趣，激发学生观察地图的积极性。教师在教学中要积极调动学生的学习兴趣，引导学生认识地图的现实意义，要紧密联系学生的实际生活，激发学生利用地理知识解决问题的兴趣。在本节课的教学设计中，教师以一个现实生活中旅游情境问题导入新课，让学生认识到地图与现实生活的密切联系，激发了学生的学习兴趣。

二是注意培养学生基本的读图能力。地图是地理课的"眼睛"，地理教学离不开地图。教师应高度重视培养学生的读图能力，使学生掌握基本的读图方法和技能。培养学生的读图能力应注意以下几个知识点：（1）读方向。生活中最常见的情形是"上北下南，左东右西"；其次是指向标所指示的方向（一般为北方）；再次是有经纬线的时候，经线表示南北方向、纬向表示东西方向。（2）读方位。两个事物之间的相对方位关系，如 A 在 B 的西南方，B 在 A 的东北方等。（3）读比例尺。根据比例尺计算两地之间的实际距离。本节课上，教师紧紧抓住对学生读图能力的培养，引导学生结合三种具体图形，比较探索三种比例尺各自的特点及运算方法。

三是注意地图在学生生活中的运用。地图阅读教学的根本意义在于指导学生的现实生活，使学生在实际生活中可以运用所学的地理知识去解决实际问题。因此，课堂教学设计不仅仅立足于课内，还应向校外拓展。例如，让学生运用地理知识规划家庭假期出游计划、计算出行里程等。

【案例】

《水浒传》阅读欣赏教学设计

◇教学设想

《义务教育语文新课程标准（2011 年版）》指出："阅读是运用语言文字获取信息、认识世界、发展思维、获得审美体验的重要途径。""要重视培养学生广泛的阅读兴趣，扩大阅读面，增加阅读量，提高阅读品位。"要加强"对课对外阅读的指导，开展各种课外阅读活动，创造展示与交流的机会，营造人人爱读书的良好氛围"。让学生"具有独立阅读的能力，学会运用多种阅读方法"。能初步理解、鉴赏文学作品，受到高尚情操的熏陶，丰富自己的精神世界，并要求九年课外阅读总量达 400 万字以上。

《水浒传》这本家喻户晓的文学名著是《义务教育语文新课程标准（2011年版）》推荐阅读的书目之一。但在学生平时的阅读中，他们大多只关注故事情节，而忽略了作品的艺术性、思想性。因此，教师应带领学生通过对重点章节的阅读、探究，以把握主要人物的性格特点，深入了解作品的艺术性、思想性。由于《水浒传》是一部长篇小说，要完全在课堂上学习，是不可能的，所以在课堂上，教师只能简单介绍这部作品，让学生认识其艺术价值，了解其艺术魅力，并通过片段教学教会学生阅读赏析的方法，从而激发学生阅读名著的兴趣。

◇教学准备

多媒体课件、相关资料

◇教学过程

一、创设情境，导入新课

运用多媒体播放电视连续剧《水浒传》的主题曲《好汉歌》。

师：同学们听完之后是否有热血沸腾、畅快淋漓之感？那高亢激越的气势，让我们想到了那些"路见不平一声吼，该出手时就出手"的豪侠之士。那么，你们知道这部连续剧是取材于我国的哪部古典名著吗？你们又想到了其中的哪些豪侠之士？

要点提示：可能想到的豪侠之士有逼上梁山的林冲、醉打猛虎的武松、勇猛憨直的李逵、行侠仗义的鲁智深等。

师：众多的水浒英雄演绎了许多脍炙人口的故事，如林教头风雪山神庙、武松醉打蒋门神、鲁提辖拳打镇关西等。可以说我们是听着这些故事长大的，今天，就让我们一起走进这部伟大的作品，去感受那些侠义之士的英雄气概吧！

二、整体感知，全面了解

（一）相关介绍

请把你了解的有关《水浒传》及其作者的相关情况向大家介绍。

（二）作家、作品补充介绍（多媒体展示）

施耐庵，元末明初人。

《水浒传》又名《忠义水浒传》。这部章回小说是在《宣和遗事》、民间故事及话本的基础上，经过施耐庵的整理加工，进行再创作而成，是我国描写古代农民起义的伟大史诗。它描写了宋江领导的农民起义的发生、发展直到最后失败的全过程，写出了农民起义失败的深刻的社会原因。作品有力地揭露和批判了统治阶级的罪恶，成功地塑造了一大批起义英雄的生动形象，歌颂了他们敢于反抗的精神。

全书故事情节可以分为三大部分，第一部分为第一至第七十一回，写鲁智深、林冲、杨志、宋江、吴用、武松、李逵、石秀、杨雄、卢俊义等一百单八将被逼上梁山的经过，是梁山好汉的个人英雄传奇故事；第二部分从第七十二回至八十二回，写梁山起义军同官军对抗作战，后来又合伙受招安的过程，是梁山事业发展壮大的写照和梁山好汉的集体传奇故事；第三部分从八十三回至一百回写梁山义军受招安后奉命征辽、征方腊直至最后失败的经过。

（三）写作背景补充介绍（多媒体展示）

《水浒传》的故事发生在北宋末年。当时的社会非常黑暗，在位皇帝只知吃喝玩乐，终日不理朝政。蔡京、高俅、童贯、杨戬等奸臣把持朝政，他们与地方官吏勾结、狼狈为奸，贪污受贿、横征暴敛，再加上地主恶霸与豪强劣绅的无法无天、横行霸道，广大人民生活在水深火热之中，被迫起来进行武装反抗。因此，整个北宋时期的农民起义此起彼伏，接连不断。小说中描写的宋江、方腊等起义，就是以北宋末年的农民起义为依据的。

（四）自主阅读

自主阅读教材中《名著推荐与阅读〈水浒传〉》，进一步了解《水浒传》相关知识，并进行小组合作探究下列问题。

1.《水浒传》故事原型及发生年代。

2.《水浒传》的故事梗概及现实意义。

3.《水浒传》的成书过程及艺术成就。

三、课堂小结，布置作业

（一）小结

（二）作业

搜集你最喜欢的水浒人物故事，并能简要地复述出来。

评析：

当前，学生往往因学业压力大等原因，导致其课外阅读时间较少，课外阅读量难以保证，加之学生的阅读兴趣不高，阅读质量较低，因此达不到应有的阅读效果。为改变这种状况，我们可以从以下几方面入手。

一、激发兴趣，让学生喜爱阅读

孔子《论语·雍也》中说："知之者不如好之者，好之者不如乐之者。"布鲁姆也认为："最好的学习动机莫过于学生对所学材料本身具有内在的兴趣。"可见，只要学生有了阅读兴趣，就能从内心深处对课外阅读产生主动需要。因此，教师要努力激发学生的阅读兴趣，适时地向学生介绍一些名篇佳作，让他们愉悦、主动地进行课外阅读。本节课中，教师以向学生推荐优秀作品《水浒传》，达成引导学生自主进行课外阅读的目的。因此，引导学生整体把握作品概况，初步了解主要人物的形象、个性特点，将有利于激发学生的阅读兴趣。

二、"授之以渔"，让学生学会阅读

不仅要引导学生爱读，还要进一步教会学生会读。作为读书的指导者，教师应该向学生介绍一些行之有效的读书方法。（1）略读法。这种方法的运用一般是根据学生在课内学习或写作上的某种需要，有选择地阅读有关书报的有关篇章或有关部分，以便学以致用。（2）精读法。有的文章语言隽永，引经据典，情节生动。教师可以通过指导学生精读这些作品，使其做到口到、眼到、心到、手到，边读、边想、边批注，逐渐养成阅读的好习惯。（3）默读法。利用默读法，可以做到用最少的时间获取尽量多的信息。（4）摘抄评价法。要求每个学生准备一个摘抄本，遇到文章中富有教育意义的警句格言，精彩生动的词句、段落，摘录下来，存进自己设立的"数据库"中，为以后的作文做丰富的语言积累。

三、读后交流，确保阅读有效实施

为确保学生进行有效的阅读，教师要引导并督促学生及时巩固读书成果。组织开展读书交流活动，让学生交流分享自己的阅读成果。

四、突出文本特点，发挥举一反三的作用

通过引导学生阅读《水浒传》，除了教会学生勾画、旁批、摘抄等阅读方法，还可以让学生了解一定的社会历史背景，掌握一些表达方式和写作的方法。

（范 瑜）

【案例】

综合性阅读的教学设计

◇教材分析

本次综合性学习，围绕阅读单元"求知"这一话题，以读书为主线，设计了名人与读书、读书大家谈、与书籍结伴而行三个活动。

◇活动目标

·培养学生广泛的阅读兴趣，扩大学生的阅读面，增加阅读量。引导学生好读书、会读书、读好书，从而获得知识，认识世界，塑造健康、美好的心灵。

·借助搜集资料、调查访问、交流讨论等活动形式，培养学生自主、合作的学习能力，并通过阅读成果的展示，使学生体验合作与成功的喜悦。

·通过开展各种读书活动，搭建课内外学习的桥梁，拓展语文学习的空间，形成长期相对固定的学习小组和读书机制。

·通过对所搜集资料的分析，学生对照自己的读书实践，找出自己在读书习惯、方法和对书籍的选择方面所存在的问题，以小组或个人形式写出参加活动的心得体会。

◇活动过程

一、成立合作学习小组

（一）教师明确本次活动的学习任务

向学生介绍本次综合性学习中需阅读、理解和搜集的资料，活动的目的，学习的程序。给出例子，回答学生的疑问。

（二）有效、合理地分组

1. 小组人数：3—6 人

2．小组成员的构成。由师生共同商定。分组原则上应包括好、中、差三个层次与男女生两个层面的学生。（因为在学生能力差别大的小组内更有利于学生更深入和多样化的思考）

3．任务分配。让小组中的每个组员都有自己明确的任务，通过承担互补或互联的任务，使小组成员间形成积极的相互依赖的合作关系。

（三）撰写调查报告

调查小组成员读书情况，撰写相关调查报告。

二、活动步骤

（一）课外合作学习部分

【活动1】名人与读书

1．小组内各成员依据自身优势和特点，通过图书馆、书店、网络等多种渠道，搜集古今中外名人关于读书的名言、经验和趣闻逸事。同时，鼓励学生注意利用社区资源，访问身边的有关人士，如图书馆馆长、书店经理、学校校长等，以获得更多的信息。

2．学习小组根据成员的特长和资料搜集情况，选择其成果展示的方式（"名人读书名言"的集子、"名人读书经验"的墙报和手抄报等），并由学生动手制作。

3．组织一次组内的"名人读书故事会"。

【活动2】读书大家谈

讨论话题包括：怎样处理流行作品与经典作品的关系？怎样理解"咬文嚼字"与"不求甚解"两种不同的读书方法？如何看待网上阅读？（也可由学生自行设计其感兴趣的话题）

1．由各小组根据其小组成员的意向确定讨论的话题。

2．学生参与活动的步骤是：

（1）联系实际，提出自己对这一话题的看法，以及支撑自己看法的理论依据或事实依据（可以引用名人或身边有关人士的言论证明自己的观点）；

自己在课外阅读中存在的问题（兴趣、方法、习惯、对书籍的选择）。

（2）在小组内开展讨论交流，与同学分享自己的智慧。

（3）认真听取同学的意见、观点。

3．在小组讨论交流的基础上，整理出一份代表小组意见的材料，并选择一名成员参加班内交流。

这一环节重在让学生思考、解释、倾听、分析，并领悟一些读书的心得。

【活动3】与书籍结伴而行

读：小组成员以自主选择或同伴推荐的形式阅读一篇文章或一本书（教师可建议学生选择同一篇文章或同一本书开展组内阅读，以利于小组成员产生共同的话题）

听、说：小组成员间进行交流，报告自己的读书心得体会。

写：要求学生撰写关于读书的作文（摘录、体会、改写、缩写、部分内容扩写、文章续写等），抒发自己独特的阅读感受和真切的阅读体验，并在组内进行交流，让小组内1—2位成员进行校对，并签下名字。

建立相对固定、较为长期的小组读书机制。

（二）课堂活动部分

在悠扬舒缓的音乐声中，显示几句关于"书"的名言：

我爱书。我常常站在书架前，这时我觉得我面前展开了一个广阔的世界，一个浩瀚的海洋，一个苍茫的宇宙。

——刘白羽

书籍是青年人不可分离的生命伴侣和导师。

——高尔基

生活里没有书籍，就好像没有阳光；智慧里没有书籍，就好像鸟儿没有翅膀。

——莎士比亚

【活动1】名人与读书

1．各小组展示活动成果。"名人读书名言"的集子、手抄报、格言书签等。

2．听故事、说感受。可以放录音、看录像、听电台、看电视台讲名人读书故事，了解故事，学习讲故事的方法。

3．全班活动。每组选派一名学生在班内交流，之后，请其他组学生谈听后感，形成班级的合作学习氛围。（学生讲一个关于名人读书的故事，其他同学谈自己听后的体会）

【活动2】读书大家谈

1．各小组派出同学阐释对"怎样处理流行作品与经典作品的关系？怎样处理'咬文嚼字'与'不求甚解'的关系？如何看待网上阅读？"等问题的看法，开展班级内的讨论交流活动。

2．学生向被邀请的教师或作家等进行现场的访谈和咨询，请他们谈对以上问题的看法。

【活动3】与书籍结伴而行

1．小组读书情况的调查报告。

2．读书的故事。（学生作文展示）

3．好书推荐。（两分钟口头表达能力训练）

4．向同学推荐本组建立和拟建的中长期、相对固定的读书机制。

小结：学生自评或互评各学习小组的阅读效果。

商讨如何进一步完善的阅读成效。

评析：

语文综合性阅读教学是以课堂教学为中心，着力于综合性阅读学习课的特性及其功能的科学开发和充分利用。语文综合性阅读教学的重点是培养学生感受、理解、欣赏和评价文学作品的能力，逐步培养学生探究性阅读和创造性阅读的能力，提倡多角度、有创意的阅读，利用阅读期待、阅读反思等环节，拓展学生的思维空间，提高阅读质量。语文综合性阅读教学需要教师通过一些合理的方式，为学生设置一些阅读的"障碍"，以激发学生强烈的阅读兴趣。本课中，教师以阅读活动实践为基本方式，让学生以小组合作为基本单位，让学生围绕阅读单元"求知"这一话题，以读书为主线，分别设计了三个递进性层级活动——名人与读书、读书大家谈、与书籍结伴而行，以激发学生的阅读兴趣，使学生了解基本的阅读方法，知晓经典图书，不断增强学生的阅读能力。

著名语文教育专家吕叔湘先生说："成功的教师之所以成功，是因为他把课教'活'了。"本课设计者一直在探索一种能使学生主动参与、乐于参与、各有所获的学习方式。具体到这一节综合性实践课的教学，执教者本着"用教材教"的原则，有意识地联系社会生活，联系学生自身的情感体验，拓展与教材有关的内容，使教学走近学生，走进他们内心。这种倾心交流不是简单地告诉，而是心与心的对话，灵魂的沟通。师生全身心地投入了，累了不觉得，苦了也心甘，真正向"减负增效"的目标迈进。

本节综合性阅读的学习活动，培养了学生自觉进行课外阅读的好习惯，借助搜集资料、调查访问、交流讨论等活动形式，让学生掌握了一些阅读方法，在阅读中实现了学生的"求知"愿望。

本节综合性阅读的学习活动，为课内外阅读搭建了桥梁，拓展了学生的阅读空间。综合性学习关键在"综合""实践"，强调要使学生在课堂内外、学校内外的联系中，在语文学习、社会生活、大自然的联系中，发现问题、分析问题、解决问题；在多维度实践训练中，发展思维能力，提高观察、记忆和语言交际、探索创新等实践能力。

本节综合性阅读的学习活动，培养了学生广泛的阅读兴趣，扩大了学生的阅读面，增加了学生的阅读量，支持了学生个性的发展，丰富了学生的精神世界。

（罗　彧）

【案例】

英语阅读教学案例

阅读能力是英语学习中必须具备的能力之一。阅读有助于巩固和扩大词汇量，丰富语言知识，提高语言运用能力，也可以训练学生的思维能力、理解能力、概括能力及判断能力。

加强语言阅读训练可以为学生创造大量获取语言知识和运用语言的机会与条件。它既可以培养学生语篇分析、获取信息的能力，也能培养学生的审美情趣。培养阅读能力也是教学大纲中规定的中学英语教学的目标之一，所以阅读课在英语教学中显得尤为重要，怎样上好阅读课成为英语教师教学中的关键。而进入初一的学生，大多数是刚刚接触英语，这个时候培养他们良好的阅读习惯尤为重要，对他们今后的英语学习也有着举足轻重的作用。而大体上看，初一的英语阅读教学主要分以下几个步骤：

lead-in（导入）→ skimming（略读）→ listening and reading（听读）→ scanning（跳读）→ intensive reading（精读）→ writing（写作）

现以 *Go for It!* 的阅读理解为例，进行说明。

Step 1 Lead-in

通过一段有关不能用英语正确指路的视频，引出学习英语指路的必要性，从而引出本堂课的主题。

Step 2 Skimming

略读要求学生从整体上把握文章，学生能够带着问题读文章，对文章的内容有个初步的了解。粗读文章，回答下列问题。

1.How many people are here?

2.What are the main places they talk about?

Step 3 Listening and reading

英语的听、说、读、写是密不可分的。这个步骤主要是引导学生在听读中理解文章，并且能够把握一些细节。

听文章。

Step 4 Scanning

此环节不要求学生逐字逐句理解和阅读文章，而是讲求阅读速度，通过关键字词找到答案。

How does Anna get to the zoo ?

How does John get to the park ?

How does Lisa get to the library ?

Step 5 Intensive reading

此环节要求学生逐字逐句理解文章，尤其是文章的一些细节，从而从整体上把握文章。

Read the first passage and answer the questions.

1. Where does Anna like to spend time on weekends ?

2. What animal does Anna love to watch ?

Read the second passage and answer the questions.

1. Where does John live ?

2. Where is the big park ?

3. Where does John often exercise ?

Read the third passage and answer the questions.

1. Where is the post office ?

2. What's Lisa's favorite place ?

3. Can Lisa get to the library easily ?

Step 6 Writing

英语的学习从某种程度上来讲是个模仿的过程，因此，在学生理解文章后，要求他们模仿所学文章写作，是对学习过程的有效检验。

根据图片写出怎么从 A 处到达公园。

按照这样一个流程下来，总的来说，学生有个先输入后输出的过程；同时，从总体到细节理解文章、把握文章，有助于学生的学习和理解。

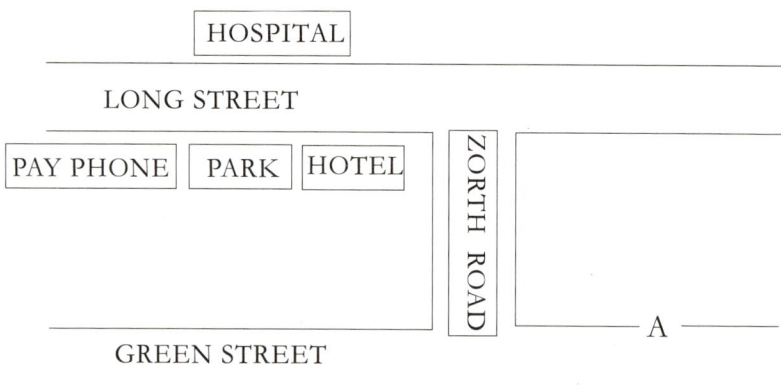

评析：

英语阅读策略属于英语学习策略中的认知策略，是英语学习策略的重要组成部分。阅读策略是阅读过程中运用的计策、谋略，是有意识地借助上下文、文章结构或背景知识等线索理解词语、段落或全文意思的阅读手段。本课执教者重点围绕英语阅读的 skimming 和 scanning 技巧，在教学时跳出传统阅读教学方式的束缚，从 lead-in（导入）→ skimming（略读）→ listening and reading（听读）→ scanning（跳读）→ intensive reading（精读）→ writing（写作）等方面进行教学方法上的新探索。

一是 lead-in（导入）环节：教学手段多样化。兴趣是阅读的原动力，只有提高学生对所阅读材料的兴趣才会产生更好的阅读效果。因此，教师应采取灵活多样的教学方法，以激发学生对阅读材料的兴趣，做好阅读前的心理准备。本课开篇即以一段有关不能用英语正确指路的视频，引出学习英语的必要性，从而引出本堂课的主题。这样的开篇吸引了学生，让学生产生一种强烈的求知欲望，此时再进行阅读课教学，可谓水到渠成，事半功倍。

二是 skimming（略读）环节：核心问题驱动。略读属于快速阅读，就是快速浏览全文，厘清文章脉络，抓住文章大意，明确文章的主题思想及作者的态度和写作意图。本课执教者以两个核心问题为抓手，让学生有目的地针对性阅读，从而快速地领悟整个篇章的大意。

三是 listening and reading（听读）环节：多元信息输入。视听结合的阅读模式在篇章理解、信息获取、学习效率方面，比听、读分离的阅读模式更高效，尤其可以帮助学生解决"读得懂却听不懂"问题。本课中，教师将听力和阅读结合起来视为一个接受性语言技能整体，并以此来组织和实施的英语听、读教学，"以读助听、以读促听"，为每个学生在"读得懂"和暂时的"听不懂"之间架设了一座桥梁，从而营造出一种"取长补短"的学习环境。

四是 scanning（跳读）环节：聚焦核心细节。跳读一般不要求学生逐字逐句理解和阅读文章，而是讲求速度，迅速通过关键字词找到答案。本节课中，教师以三个问题为基础，引导学生根据题目用较快的速度找出阅读载体中具体的信息内容，然后进行精读。这种方法通常被用来回答诸如时间、地点、人物等细节问题。

五是 intensive reading（精读）环节：细心研讨文本。精读是让学生对课文进行深入阅读，着眼于字斟句酌，条分缕析，比较鉴别，仔细推敲，以求得对文章深刻透彻的理解。本节课中，教师重点择选了三个段落，各以 3 个问题为支架，不但让学生弄清楚了文本的细节、中心，还从因果关系、事件的前后次序、局部与整体及前后关系等着手，让学生对文本有了清晰、深入的把握。

六是 writing（写作）环节：综合应用语言能力的培养。写作作为语言技能之一，是英语教学的主要内容，也是英语教学的重点和难点。本节课中，教师在进行完系列化的阅读指导后，即时安排学生进行仿写练习，让学生从中体会英语文章的基本结构特点，进一步强化学生的语言能力。

（马 翠）

散文"分类辨体阅读"的方法指导

◇教学目标

学习散文分类辨体阅读的方法

◇教学重难点

散文分类辨体阅读的方法

◇教学时数

1课时

◇教学过程

下发材料《现代文散文分类阅读及方法指导》，让学生圈点勾画阅读，以了解散文的分类及特点。

一、叙事类散文

以写人记事为主。该类散文很少有单一、完整、曲折的故事情节，它通常是选取生活中的某些片段、某些场面或是某些细节，以小见大，来反映社会和人生。这类文章往往夹叙夹议，所以在阅读中要注意分清文中哪些地方运用的是记叙，哪些地方运用的是描写，哪些地方运用的是议论，哪些地方运用的是抒情。

例文：1.《母亲的书》（琦君）、《合欢树》（史铁生）、《向日葵》（冯亦代）等

这类文章往往以某一物象为线索，联想、回忆与之相关的人与事，表达作者对某人或事的认识，对人生、对社会的思考与感悟。

2.《老家》（孙犁）、《我不是个好儿子》（贾平凹）等

该类文章往往会写到某些人或借助某些琐屑的事件来反映主旨，这些事件之间有时看来并无"直接联系"，这就更需要读者耐心地梳理思路，思考这些事件都是从哪些不同角度来表现共同的主旨的，也就是看作者用一个什么"神"来将这些看似没有联系的材料统摄在一起的。

注意引导学生从情感、情节、人物等方面把握叙事类散文的特点。在学习后让学生尝试运用叙事类散文的写作特点进行写作练习。

二、咏物类散文

最鲜明的特色是借物抒情、借物明理或托物言志。借物抒情、借物明理是借某物与某人、某事的相关联系，来抒发对某人、某事的感情，来揭示一种道理。阅读时要特别关注文中的抒情议论类的句子，这类句子往往比较集中，"卒章显志"。

例文：《乡村的瓦》《日历》《一片树叶》《报秋》《杨柳》等

该类文章往往选取日常生活中的某一物件或是自然界中的某一物象作为抒情载体，写作的一般思路是：先对物象的自然特征或精神特征进行描写，然后联想到与之相关的某些人与事的片段，借以抒发某种情感及人生哲理。

引导学生细读课文，在字里行间中体会作者的情感。

三、议论性散文

表达方式以议论为主的文章。

例文：《造心》（毕淑敏）、《泪与笑》（梁遇春）、《说村落》（阎连科）、《生命的化妆》（林清玄）、《灵魂的在场》（周国平）、《谈生命》（冰心）、《论旅行》（[日]三木清）等

把握每段的"主旨句"，理清段与段之间的逻辑关系。

四、文化散文

借助名人、文化古迹，咏史怀人，阐发作者对此的认识和评价，有时在此基础上联系现实，借古讽今，引发人们对历史、现实、人生、社会的深

沉思考。阅读时要注意这类文章中时空的转换及作者的情感变化。

例文：《行吟阁遐想》《草堂诗魂》《郁孤台之魂》等

该类散文往往以"游记"形式开始行文，具体写作类似"咏物散文"。

引导学生进行文本细读，琢磨语言。

评析：

对学生而言，散文可谓是熟悉的陌生人，虽然常常见，但从未认真地去审视它，用心地解读它，陶醉地欣赏它。而从学生答题的情况来看，学生理不清答题思路，常常洋洋洒洒一大篇却扣不准要害。究其原因，还是学生不会阅读文章，不能迅速找到文章的主旨或找不对文章的主旨，所以，会阅读文章是把握、理解文章的关键。

散文一般分为叙事类散文、咏物类散文、议论性散文、文化散文四类。每种类型都有各自相对一致的写作思路，教师要引导学生学会阅读，帮助学生把握每类散文的写作特点，这样学生在自主阅读时，才能更好地、整体地把握文章，理解文章。本节课中，教师采取对比教学的思路，引导学生有针对性地体会了每种散文的特点：

一是叙事类散文。教师引导学生从情感、情节与人物、语言、写作特点等四方面把握叙事类散文的特点：以"我"作为阅读的灵魂，着重体会个性化人物的鲜明形象，以及作者对生活独到的感受和情思；以事件和人物作为阅读的核心，重点体会各部分事件之间如何并列，如何互补，体会作家从多个角度来表现自身的情感；以品味语言作为阅读的重点，重点品读文中的重要抒情议论语句；以探究写作特点作为阅读的终极目标，有效地将文本的写作特色运用到自己的写作练习中去。

二是咏物类散文。咏物散文往往以对某一物象的细致的刻画描写来抒发作者因为这一物象而引发或是产生的独特的感情。教师引导学生采用钻研文本的方法，让学生在文本的字里行间细致体会作者是如何借助某物来抒发自己的独特情感的。

三是议论性散文。议论性散文的重要特点之一就是论证，许多议论性散文都有一个完整的、为论证中心论点而层层递进的论证梯度。因此，本课教师以帮助学生在阅读中如何发现、思考和判断议论性散文中作者的观点与材料之间的联系为重点，让学生从宏观层面对全文的观点和材料进行一次由低级到高级的整体认识，从而体会其内在的论证逻辑魅力。

四是文化散文。文化散文立足文化视角，常伴以历史文化反思，指涉人的世界观、人生观、价值观所构成的文化深层结构的精神文化。本课教师以"文本细读"为主要方法，重点引导学生立足文本，回归到作品的"言语"中，通过对"言语"的琢磨，达成对作品的体悟和理解，从而进入现代经典文化散文阅读的文化审美境界。

（曾丽萍）

【案例】

故事阅读《鱼目混珠》教学设计

◇教学目标

·借助工具书，自主识字。

·运用查字典、联系上下文、找近义词等多种方法理解词语。

·学习"抓主要人物活动"的方法归纳文章主要内容。

·理解成语"鱼目混珠"的意思，并学会运用。

◇教学重难点

·学会用查字典、联系上下文、找近义词等多种方法理解词语。

·学会"抓主要人物活动"的方法归纳文章主要内容。

◇教学时数

1 课时

◇教材分析

《鱼目混珠》是一则成语故事，属于儿童故事这一文体。故事完整、情节生动、内容有趣、口语化是儿童故事的特点。三年级处于小学的第二学段，《义务教育语文课程标准（2011年版）》对这一学段学生的阅读提出了如下要求：（1）用普通话正确、流利、有感情地朗读课文。（2）初步学会默读，做到不出声，不指读。学习略读，粗知文章大意。（3）能联系上下文，理解词句的意思，体会课文中关键词句表达情意的作用。能借助字典、词典和生活积累，理解生词义。（4）能初步把握文章的主要内容，体会文章表达的思想感情。能对课文中不理解的地方提出疑问。……根据文体和课标要求，我认为教学时，首先要让学生通过读故事，了解故事的主要内容。由于这篇文章第一、二自然段内容很相似，所以非常有利于指导学生用合并法概括主要内容。另外，词语教学是三年级的重点内容，引导学生用多种方法理解词语，也是这节课必须落实的训练。最后，让学生在了解了"鱼目混珠"这个成语故事后能恰当地运用，是将语文学习引向实践的一个重要环节，这也充分体现了"学以致用"的教育思想。

◇教学过程

一、复习导入，揭示课题

师：同学们一定积累了不少成语，咱们来比一比。男生、女生各派一名代表参赛，一个人一个成语轮流说，三秒之内谁接不上，算谁输。

（男女生比赛后，老师宣布结果）

师：同学们积累的成语真不少，其实绝大多数成语都来自于一个个故事。今天我们就来学习一个新的成语故事——

生：鱼目混珠。

师：从字面上，你认为这个成语是什么意思？

生一：把鱼眼睛混在珍珠里。

生二：鱼眼睛里混进了珍珠。

师：这个成语到底是什么意思？咱们读了故事再来揭晓。

二、独立识字，随文学词

师：请同学们自由朗读课文，注意把文章读正确、读通顺。如果遇到不认识的字先圈出来，可以问问同桌或老师，也可以自己借助工具书认识它，并记住它。

（生自由读课文，圈生字，并运用多种办法找到读音）

（出示词语：珍藏　罕见　模样　轻蔑　深信不疑　羡慕不已　一饱眼福）

师：文中的这些词能读准吗？自己先试一试。

（自读词语）

师：谁愿意当小老师，领着大家读一读。

（一生领读，全班学生跟读）

师：这些词你读得真准，但我发现很多同学都不认识这个字。（老师指着轻蔑的"蔑"）你能带着大家再读读这个字吗？

生：蔑。

师：谁知道"轻蔑"是什么意思？

生：说话的态度很瞧不起人。

师：你怎么知道的？

生：文中说："每当人们对满愿表示羡慕时，满愿的邻居寿量总是轻蔑地对人们说：'有颗珍珠算什么？我也有，而且比满愿那颗还要好。'"我从寿量说话的语气听出他很看不起满愿，认为满愿有珍珠没什么大不了的，他自己也有。

师：原来你是通过联系文中的对话理解到的，说得真准确。那你能把这种轻蔑的语气读出来吗？

（有感情地朗读，其余学生鼓掌）

师：让我们也像他那样，带着自己的体会读读寿量说的话。

师：有谁知道"罕见"是什么意思？

生：罕见就是少见的意思。

师：罕见的大珍珠也就是——

生：少见的大珍珠。

师：你用的是找近义词的方法理解，真不错！

三、检查读文，学习概括

师：这篇课文共有几个自然段？

生：4个。

师：请4个同学分别读这几个自然段，其他同学边听边思考：每个自然段各自讲了什么？

（4个学生分别读4个自然段，遇到不正确、不通顺的地方教师及时纠正）

师：谁来说说第1自然段讲了什么？

生：古时候，有个人叫满愿，他珍藏了一颗罕见的大珍珠，但从来不肯让人看。

师：你能准确地说出这段话的主要内容，真棒！谁能像他那样，说说第2自然段讲了什么？

生：邻居寿量说他也有一颗比满愿还要好的珍珠，但也从来不肯让人看。

师：同学们，你们有没有发现这两个自然段的内容有什么特点？

生：内容很相似。

师：那你们能根据老师的提示，用一句话来概括这两个自然段的意思吗？

[出示填空题：（ ）和（ ）都说自己有（ ），但都（ ）。]

生：满愿和寿量都说自己有一颗罕见的珍珠，但都不肯让人看。

师：是啊，把相同的内容归纳到一起，说起来又清楚、又简单。真好！

师：第3自然段讲的是什么呢？

生：人们对他们的话深信不疑，并羡慕不已。

师："羡慕不已"，这个词很有意思哦！谁知道"羡慕"是什么意思？

生：（迅速查词典回答）羡慕就是看到别人有好东西时自己也很想拥有。

师：（出示词典中"已"的几种解释：①停止；②已经。）"不已"的"已"，你认为应该选哪种解释？

生：停止。羡慕不已，就是羡慕不止，非常羡慕。

师：非常羡慕，咱们说羡慕不已，那非常激动，我们就可以说——

生：激动不已。

师：还能说——［出示：（　）不已］

生：兴奋不已、快乐不已、惊叹不已、痛苦不已……

师：人们对拥有珍珠的满愿和寿量是——

生：羡慕不已。

师：最后一个自然段讲了什么？

生：后来，他俩同时得了一种怪病，都需要用珍珠来做药，结果满愿拿出来的是晶莹圆润的珍珠，而寿量那颗却是鱼眼睛。

师：也就是说最后大家发现满愿的珍珠是——（生齐：真的），而寿量的却是——（生齐：鱼眼睛）

师：刚才，同学们说出了每段的内容，现在谁能将它们连起来，简要地说说这个故事的主要内容。

生：这个故事主要讲了，古时候的满愿和寿量都说自己有一颗罕见的珍珠，都不肯给人看。人们很相信他们的话，对他们羡慕不已。后来他们同时得了一种怪病，需要用珍珠做药。结果满愿拿出的珍珠是真的，而寿量的却是一颗大大的鱼眼睛。

四、揭示含义，理解运用

师：同学们，现在你知道"鱼目混珠"这个成语的意思了吗？（出示词典中"混"的不同解释：①掺杂；②苟且地生活；③蒙混；④胡乱。）你觉得这个"混"字在这里是什么意思？

生："蒙混"的意思，鱼目混珠就是用鱼眼睛蒙混、冒充珍珠。

师：也就是用假的东西来冒充——

生：真的东西。

师：生活中有这样的例子吗？

生一：有些不法商人用党参当人参卖。

师：把党参当人参卖，赚昧心钱，这鱼目混珠的行为让人不齿。

生二：有的药贩子在胶囊里填充面粉。

师：鱼目混珠卖假药，这样的行为让人愤恨。

师：如果咱们身边曾发生了这样一个小故事，你能准确地填入恰当的成语吗？

出示情境题：

鱼目混珠　　无地自容　　心惊胆战

小强昨晚因为贪玩没有完成家庭作业，想到今天老师要检查作业他就（　　）。早上交作业时，他偷偷地把自己的空本子混在同学的作业本里，老师没发现。下午，老师批改作业时，发现他（　　），非常生气，严肃地批评了他。站在老师面前，小强低着头，感到（　　）。

（自读，完成练习，集体交流）

五、小结学法，推荐阅读

师：今天老师和大家一起学习了《鱼目混珠》这则成语故事，我们在扫清字词障碍后，了解了故事的主要内容，从而理解了这个成语的意思，并能在一定的语言环境中恰当运用它。有人说，成语故事是中华五千年文明史的写照，课后希望同学们能运用今天学到的方法去读更多的成语故事，掌握更多的成语。

（出示《中华经典成语故事》封面）

评析：

自选文本教学是对现行教材的一个补充。这些文本既要遵从教材的编写意图，更要定位准确，也就是说把文本放在这个年级就必须适合这个年龄段的学生阅读和学习。所以这些文本在教学中就必须具备三个作用：一是传承文化或传递思想；二是引导学生习得语言；三是教给学生阅读方法。《鱼目混珠》这则成语故事，是小学阶段同类文章的补充，旨在让小学生通过学习这个故事更多地了解成语并爱上祖国的传统文化，放在三年级教学。是因为文章中有些词语可以用不同方法来解释，同时这一文本的结构特点，也比较适合教给刚进入中段的学生一些简单的阅读方法。另外，文中有些词也比较适合学生拓展积累。本堂课，教师特别注意了以下几个方面。

一、整体入手，彰显文体特征

《鱼目混珠》是一则成语故事。读故事首先就应弄清故事的主要内容，因此，教师将"引导学生学会归纳故事的主要内容"作为教学的第一步，也是贯彻始终的一个教学内容。三年级的学生对于简单的自然段能很快地说出段意，但是连起来说整篇的意思就比较困难。这篇文章第一、二自然段的内容很相似，所以教师抓住这个特点，教会学生用合并相同内容的方法简要地概括了这两段的意思。这个方法对于学生以后概括长难文章的主要内容是很有帮助的。

二、注重语用，突出本体意识

了解故事内容，明白故事告诉我们的道理，这些都不是语文的本体。教语文，更重要的是教师通过一系列的教学活动教会学生认识作者是怎么表达的，并学习这些好的表达方法。所以在教学中，教师引导学生通过朗读以体会轻蔑的语气，从而理解了"轻蔑"一词的意思。又从学生说"罕见"是"少见"的意思总结出找近义词的解词法，还多次运用查词典选解释的方式让学生突破了难点。这些解词方法的渗透、总结，是课标中明确要求第二学段学生应该学习和掌握的。

三年级是语言积累的重要阶段，怎样引导学生积累更多的好词、好句，是教学中应该特别关注的问题。机械地抄、背，学生很容易感到枯燥乏味，而引导学生找到构词的规律，由一个词引出一串词，这样不仅让孩子们记起来比较容易，还能让他们感受到语言的趣味。"（　）不已""一饱（　）福"，这些词就具有这样的特点。在教师的引导下，学生们能轻松地在这节课上学到不少这一类的词语，相信在以后的说话、写话中也能很好地运用。

三、还原生活，重视学用结合

成语是固定的词组或短句，表示一定的意思。"鱼目混珠"的意思就是以次充好，以假充真。像这样的例子学生从报纸上、电视上、人们的交谈中得知了不少。因此，在学完故事，了解了这个成语的意思后，让学生们结合生活实际谈一谈，更有助于学生对这个成语的理解，再通过老师的语言梳理，也让学生感知了这个词在语言环境中应如何运用。

教成语也好，教课文也罢，只要是语言学习，教和学绝不是唯一的目的，我们最终都要将其引向运用。教师不仅自己把成语运用到语句中，还安排了一个情景练习，一方面是检验学生能不能准确地理解这些成语的意思，更重要的是暗示学生，咱们学的这些成语要在今后的说话、写作中经常用到的，它能让我们的语言更丰富，能让我们的表达更精彩。

（郑殷青立）

第二节　教师泛在阅读菁华览胜

怎样让泛在阅读走进教师的教学？怎样让泛在阅读走进孩子们的心灵世界？怎样让泛在阅读与师生教学共舞？本节将带你走进泛在阅读教学的真实案例，让你感受泛在阅读的魅力。

泛在阅读，必将涵养儿童的生命底蕴与格局。泛在阅读，之所以"泛"，是因为它无时不在，无处不在，无时无刻不渗透在教师们的教育教学之中，不仅是语文教育教学，还有数学教育教学、历史教育教学……对泛在阅读的实践和反思，必将引领我们走得更远。

【案例】

泛在阅读 涵养儿童的生命底蕴与格局

一、儿童阅读：提升未来国民素质的必经之途

《义务教育语文课程标准（2011 年版）》明确指出：九年课外阅读总量应在 400 万字以上。我常常想，《义务教育语文课程标准（2011 年版）》为何要提出这样的数量目标？仅仅是为了让孩子们见多识广吗？仅仅是为了丰富他们的精神生活吗？

很显然，不是这样的。2014 年世界杯花落德国，世界的目光再一次聚焦这个只有 8000 多万人口的国家，发现这个国家年人均阅读量和图书馆人均拥有密度居全世界前列。足球胜利与阅读相关与否暂且不论，回头审视那些在科技创新方面有所成就或者国民整体素质靠前的国家，我们会惊讶地发现，这些国家都重视全民阅读。

从古至今，论读书好处的文章或者名人名言不胜枚举，本文不再赘述。国民素质关系国家和民族的未来。儿童阅读，更应得到国家和每一位教育工作者的高度重视。

我们知道，一个人精神世界的丰富程度直接影响这个人对生活中快乐的感知度，而一个人的生命底蕴和格局则将大大地影响这个人在自己所处领域所取得的成就。一个只关注自我命运的人与关注社会、民族、历史的人比较，甚至与关注信仰的人比较，谁的格局会大一些，谁将来对社会的回报会更大一些呢？这是不言而喻的。

从心理学角度讲，一个人的生命底蕴和格局很多时候取决于他最开始接触的文字和书籍。我始终相信，在人的儿童时期如果能有意识地通过阅读涵养其性情，丰厚其底蕴，拓展其格局，那将对儿童当下和将来的生活产生积极影响。

我们期望教育带给每一个孩子完整的精神生活、终身学习的兴趣和能

力、服膺真理与崇尚智慧的品质及感恩的心态，而这些都能通过阅读来实现。

二、泛在阅读：涵养儿童生命底蕴和格局的阅读革命

教师应主动肩负拯救儿童阅读的责任。如何拯救？重庆市渝中区"区域整体推进中小学生阅读能力发展"课题组提出了"泛在阅读"这个概念。这个与"泛在学习"有些近似的阅读概念的提出，在力图解决前面所提到的问题的同时，还试图从泛在阅读的三个特征来解决当下儿童阅读所面临的其他问题。

（一）无时不在：泛在阅读营造儿童阅读氛围，培养儿童阅读兴趣

儿童阅读状况不佳，很大程度上是学校、社会、家庭的阅读氛围营造不足造成的。我们暂时无法要求社会、家庭马上有所作为，但是学校可以在此先行一步。学校应以对学生负责任的态度，在校园文化上提出"阅读，成就孩子一生"的理念，在硬件环境上着力凸显阅读的氛围，比如外墙装饰融入阅读元素，建设阅读文化长廊，设置阅读栏、班级阅读书架等。软件方面，学校要大力宣传阅读是每一个学科教师的责任，设置专门的阅读自主课程，举全校教师之力掀起教师阅读氛围、儿童阅读氛围；开展一系列的儿童阅读活动。

以人和街小学为例，2011 年，该校正式启动"渝中区人和街小学校园儿童阅读行动计划"。全校教师达成共识，将儿童阅读作为提升学校内涵发展的一项重要举措，要求各年级、各部门、各学科联动跟进，保障儿童阅读行动计划的落实。具体做法为：

1. 从 2011 年秋季开始，学校一、二年级每周开设一节专门的"班级读书会"，由专职教师和部分优秀语文教师任教，从课程设置上保障阅读的时间和氛围。

2. 每周，各年级各班在其中一天的午休时间举办"走进阅览室"活动。在充满了童话氛围的"森林阅览室"静静地阅读，是孩子们最开心的事情。

3. 为了营造阅读氛围，激发学生阅读兴趣，2011 年 9 月，学校邀请著

名儿童文学作家杨红樱走进校园，开展了"小读者见面会"活动。杨红樱还为学校语文老师作了《我为什么要写童书》的专题讲座。

4. 2012年11月，著名儿童阅读推广人、杭州天长小学副校长蒋军晶受邀莅临我校，执教群文阅读《创世神话》示范课，并和我校教师分享了天长小学的儿童阅读推广情况。

5. 2012年5月，学校开展了为期三天的全校性读书卡、读书笔记展评活动，收到儿童作品5000余件，在全校掀起了制作读书卡、写读书笔记的热潮。

6. 每年春秋两季，学校都会开展经典诵读大赛、故事演讲大赛，评出并选送学校、区、市级"诵读大王""故事大王"若干。在掀起阅读氛围的同时，满足了学生的读书的愿望，激发了学生阅读的积极性。2012年12月，学校五（2）班方均然、四（8）班陶宣蓓参加渝中区课外阅读"我读书，我快乐"演讲比赛，获得全区两个一等奖。

7. 从2013年开始，每学期学校都会在"综合实践活动周"开展为期半天的漂书系列活动。

8. 从2011年下半期开始，学校每学期都要开展"读书小硕士""读书小博士"评选活动。

几年来，人和街小学以丰富多彩的阅读活动，通过生生共读、师生共读、亲子共读、名家导读等形式，掀起了儿童阅读的热潮，点燃了儿童主动阅读的热情。

汉代刘向曾说："少而好学，如日出之阳；壮而好学，如日中之光；老而好学，如秉烛之明。"如果我们能在校园内使儿童阅读无时不在，就能营造儿童阅读氛围，培养儿童阅读兴趣。

（二）无处不在：泛在阅读推荐儿童有大量合适的阅读书目

埃米莉·迪金森的一首诗说得非常好：

没有任何快艇像一本书，

把我们带到遥远的地方，

也没有任何骏马

能像一页欢跃的诗篇。

最贫穷的人也可如此跨越旅行，

而不必被迫为通行纳税；

这运载人类灵魂的马车

是多么节俭朴素！

泛在阅读也是面向全民的阅读理念，我们期待通过儿童阅读革命，能够扭转国民整体的阅读现状。一个国家，如果能够保障有足够多的适合各个年龄层的人自由阅读的书籍，人民整体素质的提升，国家未来的腾飞将指日可期。

儿童尚缺乏阅读的甄别和选择能力，这就提醒我们，学校作为传承人类文化和智慧的阵地，要肩负起提供足够数量并适合不同年龄段阅读书目的责任。

2011 年 11 月，经反复讨论修改，学校颁布了《人和街小学儿童阅读书目 60 本》《人和街幼儿园宝贝阅读书目 10 本》《人和街小学教师阅读推荐书目 50 本》，以期走出人和街的小学生都烙上这些优秀图书所宣扬的个性特质。2013 年下半期，学校课外阅读课题组订制出了细化到各年级的儿童课外阅读推荐书目，涵盖了文学、历史、哲学、数学、艺术、天文等各个领域的优秀童书。这些经过精挑细选的图书，解决了学校儿童阅读行动"读什么"的问题。学校阅览室新购置了近 20000 册优秀图书，供儿童选读。

现在，渝中区各级各类中小学校图书室的图书配置已经成为学校标准化建设项目，从而使儿童阅读得到了有效保障。

（三）广泛存在：泛在阅读拓宽学生的阅读视野，丰富学生的阅读媒介

最近，一则题为《德式阅读的力量》的帖子风靡微信朋友圈。"德式阅读"的主要内容有德国人的阅读习惯、阅读氛围、读书设施，其中，读书设施主要解决阅读媒介的问题，从而保证了阅读在德国的广泛存在。比如 8000 万

人口的德国有 7700 家书店和 1.4 万多个图书馆，尚不包括可以随时免费借阅图书的社区借书亭。

由此可见，学校要实现儿童泛在阅读，需要在图书设施和氛围营造上下足功夫。一所学校，图书馆（室）的建设至关重要，从环境的精心设计到图书书目的推荐再到阅读设施的安置，都要从儿童身心健康的角度考量。随着信息技术的快速发展，电子阅读也成为一种时尚的阅读方式，我们在引导学生多阅读纸质书籍、多阅读经典书籍的同时，也可以在图书室安装一些多媒体设备，方便学生查阅相关的书籍资讯。

为了拓宽学生的阅读视野，丰富其阅读媒介，每个班将每一周中一天的午休时间安排为"走进阅览室"活动纳入了学校必修校本课程内容。从 2012 年秋季开始，学校调整学生早上到校后的学习时间，保证了一、二年级开展每日早上十分钟"用耳朵听名著"活动的开展，同时，校园广播、电视台、校园网阅读论坛等适时更新相关内容，丰富了阅读媒介，保证了阅读在校园内的广泛存在。

2012 年 5 月，学校 74 名语文教师参加了"《精灵鼠小弟》班级读书会校本研究"活动，教师们一致认为，优秀的有声读物、儿童电影、网络图书馆都是拓展阅读视野和丰富阅读媒介的渠道。2012 年 4 月，近 40 名家长和部分教师现场观摩了 2015 级 1 班罗贤宇同学的爸爸带来的精彩故事。"故事爸爸（妈妈）进校园"迅速在全校各班级推开，阅读"优秀家长励志故事"为儿童又推开了一扇阅读媒介的窗口。

（四）与时俱进：泛在阅读倡导阅读策略和能力的渐进式生长

张潮在《幽梦影》云："少年读书，如隙中窥月；中年读书，如庭中望月；老年读书，如台上玩月。皆以阅历之浅深，为所得之浅深耳。"由此可见，阅读能力和策略也需要一个循序渐进的生长过程，万万不能拔苗助长。比如小学低年级，儿童阅读刚刚起步，重在阅读氛围的营造和阅读兴趣的培养，可以多读读《石头汤》《我有友情要出租》等绘本类书籍，至于怎么读，读到何种程度，都不能做过高要求，以免造成孩子讨厌阅读情况的发生。到了中高年级，可以逐步让学生阅读《夏洛的网》《杨柳风》《小王子》等整本童书，在关注情节、人物的同时，也关注主题和言语表达特色，实现阅读言语输入和言语输出的转换，培养学生的思维能力。

几年来，人和街小学校以渝中区科研规划办立项课题"利用课外阅读促进小学生言语表达能力研究"为平台，开展了丰富多彩的儿童阅读活动，通过生生共读、亲子共读、教师引读、名家导读等形式，掀起一阵又一阵儿童阅读的高潮，同时不断通过培训提升教师阅读指导能力，加强儿童阅读策略和能力的培养，大大提高了学生的阅读能力和言语表达能力。

2012年2月，人和街小学"校园儿童阅读行动计划"系列活动之一曹文轩家长阅读指导讲座《阅读与成长》，在重庆人民大礼堂拉开了帷幕。该活动受到《重庆商报》、《重庆晚报》、重庆电视台等媒体广泛关注和报道，社会反响热烈；接着，曹文轩老师和我校高年级学生交流了《我的作文观》，并与学校教师及渝中区区内各兄弟学校四百余名语文教师分享了报告会：《谈语文与语文教学》。"曹文轩走进人和街"活动，促进了教师对儿童阅读指导策略的深度反思，使我校"校园儿童阅读行动计划"的实施走向纵深。5月，我校又邀请一百余名家长、学生和语文教师，在学校森林图书室举行了"童书阅读交流会"，以阅读曹文轩的《草房子》为载体，围绕如何读好一本书展开了充分的交流讨论，收到了较好效果。

2013年4月，学校承办了渝中区"非连续性文本"阅读教学研讨会，戴崇洁老师执教非连续性文本《寻找食物》一课，以指导阅读策略为研究创新点，引起了与会教师热烈讨论。随后，我以这个课例为依托，撰写了课外阅读指导论文《遵循文本特点，习得阅读策略》，发表在《今日教育》2014年第3期上。

儿童阅读是一项为儿童生命成长奠基的幸福事业，这项事业的发展需要各级各类教育行政部门、教研机构和学校本着"一切为了孩子的健康快乐成长"的教育思想，倾情投入，全力以赴。泛在阅读，在这个充斥着浮躁、困惑的年代，其提出的意义，在于帮助社会、学校、家庭以及家长、老师、学生逃离浅阅读和快餐式信息轰炸的现状，静下心来阅读优秀的书籍，分享那些智者们留下来的优秀文化遗产和深邃的思想。相信在泛在阅读理念的指引下，每一个年龄阶段的儿童都会有合适的书读，有良好的阅读氛围和充足的阅读时间，有适合的阅读媒介，形成适切的阅读策略和能力，涵养自己的生命底蕴和格局，最终成就自己精彩的人生。

（刘小波）

【案例】

历史课上的比较阅读法

历史是丰富多彩、曲折复杂的，但也有规律可循。在不同时期、不同空间，都会发生一些相似的历史事件、现象。教师可以因地制宜，立足于时间，或立足于空间；立足于现象，或立足于本质，引导学生进行比较阅读，培养学生的各种能力。

在讲授《繁盛一时的隋朝》这一课时，让学生阅读课前提示的内容，了解隋朝是我国历史上的一个短命封建王朝，然后再让学生回顾前面所学内容，思考其中哪些也是短命王朝？而隋朝又更像哪个呢？让学生带着疑问去阅读全文，同时要求学生在阅读中找出以下问题的答案。

1. 隋朝建立的三要素及统一南北的时间。

2. 隋朝统一南北后实施了哪些有利于社会经济恢复发展、国家统一的措施？

3. 隋末战争爆发的原因是什么？

4. 隋朝灭亡的时间？

让学生带着问题去阅读，一方面让学生在阅读时有一定的目的性，另一方面引导学生边阅读边思索，逐渐形成这样的认识：①它们都是短命王朝；②短命的根本原因都在于执政者都施行了暴政，导致人民生活在水深火热之中，只有起义反抗，推翻其残暴统治；③它们都结束了原来分裂的局面，实现了统一。而在秦、西晋、隋三朝当中，秦、隋两朝都实行了许多为后世相沿、对后世产生重大影响的措施。如：秦朝的郡县制，统一文字、货币、度量衡，修筑万里长城等；隋朝的科举制、三省六部制，开凿大运河等。

因此，只要教师在课前认真仔细地研读过教材，就能发现一些适合用比较阅读法进行教学的历史知识，而比较阅读法也是符合历史学科特点的一种教学方法。

（陈翠容）

【案例】

班级阅读之旅

泛在阅读是一种随时随地、无处不在的阅读，它是一种任何人可以在任何地方、任何时刻获取阅读信息的阅读。泛在阅读具有广泛性、开放性、持续性、交互性和易获取性等特点，在学校推行泛在阅读的目的就是创造最优化的阅读教育环境，从而实现更有效的阅读；同时，学生根据各自的需求在多样的空间、以多样的方式进行阅读，真正感受阅读的快乐。

跳出课本的"阅读之旅"

2012年9月，我给班里的孩子们带来了一份新学期礼物——《亲爱的汉修先生》。

两三天后，我接到了家长的电话："孩子很喜欢看这本书！""老师再给我们推荐几本吧！"甚至有几个家长让孩子直接带了钱来，让我帮他们买几本这样的书。于是我给孩子们推荐了这套"纽伯瑞金奖系列"，并正式开启了我们班的纽伯瑞阅读之旅。先来看看我们的《旅程表》：

旅程名称	纽伯瑞阅读之旅（这是孩子们一致的决定）
旅程时间	2012 年 9 月—2014 年 9 月
旅程路长	20 站（一本书为一站，我们决定两年时间读完 20 本书）
沿途站台	汉修站：《亲爱的汉修先生》 威斯汀站：《威斯汀游戏》 企鹅站：《波普先生的企鹅》 海豚岛站：《蓝色的海豚岛》 雷梦拉站：《雷梦拉八岁》 尼姆站：《尼姆的老鼠》 银顶针站：《银顶针的夏天》 蟋蟀站：《时代广场的蟋蟀》 温迪克站：《傻狗温迪克》 松饼屋站：《松饼屋的异想世界》 夏洛站：《夏洛的网》 小巫婆站：《小巫婆求仙记》 …… （这些站名是孩子们根据书名自己取的）

为了调动孩子们的积极性和自主性，让这次阅读之旅更快乐、更有趣，我坚持让孩子们做这趟旅行的主人，每一站旅程设一"站长"，由"站长"带领大家共同走进这一站。我呢，就是一个快乐的向导，协助他们策划每一站的活动内容，使每一站的读书活动内容丰富多彩。

选择让学生阅读获国际大奖的小说，使学生的视野从"一统天下"的教材中"跳"出来，为孩子们打开了一扇窗，把一个全新的世界带到了他们的心中。阅读的需求是泛在的，阅读的资源也是开放的、兼容的、广泛的。选择这20本书，也是为了让孩子能持续性地阅读，始终保持一种阅读的状态。

亲子共读进课堂

请家长来班里给大家讲故事，这是"威斯汀站站长"果果的首创之举。

不知小家伙使了什么招，竟把在剧团工作的外公请到了学校，给全班同学讲《威斯汀游戏》。

"富翁威斯汀先生留下了一份两亿美元的巨额遗产。在给十六位继承人的遗嘱中，他曾提到他是被谋杀的，并且承诺如果有人能够找出谋杀他的凶手而且为他复仇，就能够得到他的全部遗产。十六位继承人各怀心事，通过威斯汀先生留下的耐人寻味的线索，分析彼此之间的关系，尔虞我诈，层层逼近，终于找出了那个'凶手'。可是，'凶手'真的杀死了威斯汀吗？而威斯汀自己又有着几重身份呢？"

果果的外公绘声绘色、入情入境的讲述令小说的情节更加扣人心弦，孩子们个个屏息倾听，生怕漏过一个细节。讲到关键时刻时，果果站长特意邀请一个小朋友来读一读文中的某个精彩片段，孩子们一个个跃跃欲试，争先恐后。

威斯汀站之旅后，有一位家长告诉我她的孩子喜欢上了听故事，在泡脚时、睡觉前老让她读上一段故事，渐渐地，年近四十的她竟也从这些儿童读物中找到了一些乐趣。于是，我对这个孩子说："你已经认识很多字了，也应该给妈妈讲故事了，现在妈妈给你讲一个，你也给妈妈讲一个；过段时间，妈妈给你讲一个，你就给她讲两个。你长大了，应该让妈妈享受一下听你讲故事的乐趣。"

亲子共读，将阅读的主体扩大了，学生读带动家长读，家长读又进一步影响学生读。阅读行为从校园生活到家庭生活乃至社会生活，阅读的群体也更加广泛。

触手可及的阅读资源

纽伯瑞之旅开启后，家长委员会为班里的图书角添置了几十本获奖的儿童文学作品，孩子们阅读的兴趣愈发浓厚，他们可以在课余随时借阅自己喜爱的图书。这种触手可及的阅读让孩子乐在其中，于是教室里多了伏案读书的小小身影：那专注的眼神、会心的微笑，就连"小调皮"午休时也不再摆弄抽屉里的小玩意儿，而是和同桌一起捧起了书本……

然而图书角还不能满足孩子们阅读的欲望，纽伯瑞之旅的小站长们甚至"霸占"了教室的黑板报阵地，用作自己的宣传栏。他们张贴出自制的图书封面海报、精彩的内容简介和书中亮点，吸引了更多的同学去关注自己的小站。

孩子们还自制了读书卡，记录读书心得和感受，一张张别致的卡片挂满了教室的每一个角落，吸引了不少孩子驻足欣赏、细细品读。

一个书架、一块黑板、一串串读书卡，凑成了班里特有的"纽伯瑞之旅文化长廊"。让孩子和阅读资源亲密接触，让孩子在浓浓的书香氛围下更加喜爱阅读。

把书放到大家触手可及的地方由学生自主选择阅读，营造一种处处是读书地，人人是读书人的环境氛围。阅读环境的开放性、兼容性及空间的整合性，使阅读者有更强的体验感和接受度，这是泛在阅读易获取性的体现。

2014 年 9 月，我们班的"纽伯瑞阅读之旅"结束了。现在，我们又要开始新的旅程了——"现当代名家阅读之旅"。我相信，那又将是一段美妙的泛读之旅，而我，作为一个语文教师，一个潜在的阅读推广人，让学生的眼睛浸泡在铅字中，让耳朵浸泡在书声中，让他们的心灵和大脑震荡在感动和思考中，这是一份甜蜜的责任。

（李泽萍）

【案例】

阅读应"泛"而"不泛"

还记得许多年前，国民阅读调查数据显示"半数国人不读书"，中国人均读书量不足一本，令人震惊。

几年之后，在春节期间，我偶然收看了《非诚勿扰》这个节目。有一个男嘉宾是专做学术研究和国民阅读调查的。他十分骄傲地宣布了到当时为止，国民阅读量达到了人均 4 本的程度。难道说这几年时间里，中国人素养就大幅度提升了，人人都爱阅读了吗？其实不然，这都是拜"泛在阅读"所赐。

第一次接触"泛在阅读"这个新兴词汇，我都有点迷茫。趁节日期间，也和家人讨论了这个话题。家人告知我，这个词并不"新"。"泛在阅读"就是指广泛的阅读，不局限于传统书籍。电子书、电子杂志、网络文学……包括像《百家讲坛》这样的电视节目，以及电影院上映的各类电影都可以纳入"泛在阅读"的范畴之列。那这样算来，国民阅读量当然是提升了。

对于"泛在阅读"，大家的看法不一。一些专家、学者认为泛在阅读大多是浅阅读或者快餐式阅读。就如同作家苏叔阳的忧虑："浅阅读的盛行和功利化阅读的泛滥，折射了世风的浮躁、浮华。"也有人认为，在一个快节奏的商业社会中，青灯黄卷之于普罗大众显然是过于苛责的要求。一方面，阅读越来越现实和功利；另一方面，阅读也越来越休闲和浅显化，畅销小说或报纸杂志，甚至速读选本等，渐渐成为有读书习惯的人缓解压力的精神快餐。这是当今时代阅读的趋势。

对于我和我的学生而言，"泛"而"不泛"，就是我们现阶段的目标了。从一年级开始，我就要求孩子们要大量地进行阅读。从绘本到童话，到小说，再到诗歌散文、地理史记。时不时让他们到电影院去看看精彩的电影，看一下《变形记》《开学第一课》《舌尖上的中国》这样有特色的电视节目，再加上孩子们还偷偷背着我和家长看了一些漫画书，我认为对他们这个年纪而言，这样的阅读算得上广泛了。但是"泛"怎么能做到不泛滥呢？我觉得，首先是分年龄段阅读，分层次阅读是根本。然后，"去其糟粕，取其精华"。合理引导孩子正确阅读是关键。最后，培养孩子正确的人生观、价值观，分清理想与现实的差距很重要。其实，我一直有一个十分困惑的问题，就是关于在小学阶段怎样看待孩子们看漫画书。我们大多数老师都认为，看漫画书是不正确的。漫画书的内容肤浅，知识构成较少，没有什么阅读的意义，但我自己也经历过这样的青葱时代，我并不认为漫画书就像人们想象的那么糟糕，那么没有意义。反而在这个阶段的孩子对这类书还有非常浓厚的兴趣，不然他们也不会背着老师、家长偷偷地看了。那如果将漫画书进行合理利用，阅读是否也能"不泛"呢？为此，我做了一个试验。

最近，我发现在书报亭里出现了《爆笑校园之成语故事》《爆笑校园之作文分类》。怀着好奇心，我买下了这两本书。不是说想和孩子们打成一片，就得走进他们的心吗？我把这两本书混在班级书架上，并没有去提示孩子们有这样两本书。过了几天，我发现这两本书"不翼而飞"了。我知道一定是有人"据为己有"了。一天午休时，从一个不起眼的角落里不时地发出一阵阵的笑声。我循声望去，原来是一个写作能力不是很好的孩子正捧着《爆笑校园之作文分类》这本书哈哈大笑。我把他叫到跟前，问道："看个书，有这么好笑吗？"他说："这主角太搞笑了，怎么能把比喻这样用呢？"我继续问道："那你觉得该怎样用呢？"他居然回答得头头是道。我打趣他道："那你确实比那主角强多了，下次习作的时候看看你写的能不能超过他呀？"他拍拍胸脯说道："一定比他强。"在之后的习作中，我真的看到了这个孩子在写作上的进步。看，这不是"泛"而"不泛"吗？

在当今社会，我们应该直面"泛在阅读"时代的到来。如何既跟得上时代的潮流，又能保持阅读的初衷，作为教育工作者，我们还得继续努力。

（钟 雯）

【案例】

对泛在阅读的实践与反思

俗话说"活到老，学到老"，作为教育工作者和学习者，当然不会放过网络技术带给我们的便利，以下便是笔者在"泛在阅读"中的实践和收获。

一、泛在阅读的生活实践

（一）微信上的公众号

笔者用微信，除了受益于其强大的讯息传送功能，另有就是它博大的公众世界。在众多的公众号里，笔者最常阅读且受益最多的要算由五溪蛮主编的"阅读谭"和冉云飞主编的"冉式艺文志"了。

"五溪蛮"实际是编者的笔名，他的真实身份是笔者的一位文化界学长，供职于出版社，常年和图书打交道，阅书无数，笔耕不辍。在他的公众号里，兼顾新书介荐、旧书钩沉、书评书摘、名家访谈、历史逸事、书展播报、文化观察等，内容涵盖散文、小说、诗歌等多种形式。就像他自己的签名一样：以阅读会友，以阅读励志，以阅读怡情，以阅读究天地之际，通古今之变。"阅读谭"就像一位老友，虽与学长多年不见，但常常在休憩之时打开他的推送文章，总觉一股暖意如细流般漫过全身。或许这就是阅读和网络合力的结果，随时随地给身心补充能量。

对"阅读谭"最大的期待还有其一年一度的个人阅读十大好书总结，这也是笔者锁定新年书目的一大捷径，虽不是每本都读，但能读一两本已是受益匪浅。例如 2014 个人阅读十大好书：《爱与黑暗的故事》《耶路撒冷三千年》《叶：百年动荡中的一个中国家庭》《尽头》《每个人的故乡都在沦陷》《再见冬妮娅》《耳语者：斯大林时代苏联的私人生活》《历史在你我身边》《我的九十九次死亡》《统一与分裂：中国历史的启示》。

除此之外，另一位笔者颇为关注的就是冉云飞，说他是作家也可，学者也可，评论家也可，内功深厚的他不管是对传统文化还是世界新变化都敏感如斯，研究颇深，发表的文章更是引人深思。关注他源于读过他的两本书：《给你爱的人以自由》《像唐诗一样生活》。心想，一位以父亲身份关注教育、关注生活的人，思想导向不会错。尽管他言辞犀利，被人戏称为"冉匪"，但言里言外却着实让人感受到他对家庭、社会的责任感和对待学术严肃认真的态度。虽然相对于读整本书，看微信推送的文章依然呈现出碎片化特征，但日积月累的效用也是不可忽视的。并且，综合各大媒介通过电子讯息传送出的大数据，也可使真正的研究者，在快速与片段的情况下，能有所"预流"，掌握大环境下的文化前言和动态。

（二）微博上的私信

笔者最常阅读《中国新闻周刊》发来的推送文章，每日一则精选文章，特别适合奋斗中的年轻人，提醒我们在忙碌之中能够停下脚步，静下心来厘清思路。近日，让笔者颇为受益的文章就有《中国人的撕扯人生：一边是上流，一边是逐流》《如何做一个有意思的人》。

（三）QQ上的良师益友

腾讯上的信息铺天盖地，需要我们明辨是非、取精去浊。最常阅读的是专业领域的导师分享和原创的关于小学语文发展、各地赛课实录时评的文章。不论是在办公室还是在家里，或是回校的公车上，都能一睹专业前沿，受醍醐灌顶之益。还有好友发表的游历历史文化名城的图文解说，虽不能处处亲历，但借着互联网，也能心游四海，踏古循迹。幸运之时，还能碰见资深摄影家朋友发表的摄影大片，让人大饱眼福。这些动态的信息都是在普通书本中得不到的，这便是"泛在阅读"之特别优势——信息及时且获取便捷。

（四）互联网上的强大网站

笔者从事教育教学工作，平时不乏受益于各大资源网，如：小学语文人教社——工作学习日日查、教学参考现查现用，免去了天天带书回家的繁重；中国儿童资源网——最佳的教学资源网站，涵盖儿童文学快乐学堂、优秀作文等孩子喜欢的资源页面，它们都在"泛在阅读"的教学应用中展现了不小的作用，后文再叙；汉字字源网——笔者最爱的教学工具书网站，除了汉语词典、成语词典，对于重在生字教学的低段，字源教学可使儿童从本质上了解造字规律，加深对汉字文化的认识，摒去烦琐的翻查工作，为一线教师备课提供了最大的便捷；最后推荐中国国家数字图书馆——一线教师教科研必备。中国国家数字图书馆就像一位宽容的长辈无条件接纳了我们，大量免费的论文供我们查阅下载，教育的点滴实践在这里有丰富的理论支撑，一线教师的教科研成为现实。

（五）"蚂蜂窝"的醉人图片

"蚂蜂窝"其实是一个网站，是一个汇集了大量图片、攻略的旅游网，是笔者常光顾的网站之一。每每出行前，总会搜罗大量文字、图片做足准备；出行之时，也会带上 iPad 随时随地查阅、问询，以微调计划；旅行回归，总不忘发上一帖，共享快乐和经验。可以说，是"蚂蜂窝"给了笔者很大一部分生活的动力，心里总有停不下的向往——走出去，看世界。

二、对泛在阅读的教学实践

笔者对泛在阅读的教学实践探索可分为两大方向，一是在教学主场——教室里的实践；二是在第二课堂的实践，对学生、家长的指导。

（一）教室里的实践

在我们班，以前有个不成文的规定：下午的课管时间，及早改完当天作业的同学可以到图书角选取图书，自主阅读。形成这个规定的初衷是为了给孩子争取更多的在校阅读时间，不至于零碎时间被浪费。但是时间长了笔者发现，每次开开心心跑去拿书阅读的总是那部分学习能力较强、动作较快的孩子，而这部分孩子大多阅读能力也较强，他们平时的阅读量就大大高于其余的孩子。而改错慢的孩子有的是因为学业上的错误多，有的是因为动作慢，这部分孩子大多阅读能力也较弱。他们在家常常就需要花更多时间来完成预习、复习任务，而留给他们自主阅读的时间就微乎其微了。对于这部分孩子，我们的这项班级规定就显得不太人性化了，因为恰恰需要大大关照者却没有享受到一点优待。于是，笔者开始改革。

从二年级起，我将 8:15 到 8:30 作为孩子们的自主阅读时间。因为早上的这段时间，没有作业，没有改错，所有的孩子都可以参与进来。

任何事物达到平衡才是最好的状态，阅读所追求的，也应当是纸质阅读和电子阅读的有机结合。于是到了下午，教师利用休息时间尽快指导，让动作较慢的几个孩子改完错。令人惊喜的是，这样下来，每周总有一两天课管时间被完整腾出，加上每周两节的阅读课，我们班有了每周三四节的阅读时间，这个时候，我们会进行集体阅读。此时，互联网就起作用了。

点开中国儿童资源网，里面的绘本故事是这个阶段孩子们的最爱，精美的图片，好听的语音，大大吸引了这群以形象思维发展为主的低段儿童。最棒的是播完文字后每页都有几秒的时间供孩子们读图、思考，这种读绘本的方式孩子们喜欢得不得了。由于每页后只留有几秒钟来读图，所以每个孩子都专心极了，生怕错过精彩部分。就这样，一学期下来，我们在教室利用网络一起读了一本又一本绘本，有《我爸爸》《我妈妈》《爷爷一定有办法》、《爷爷变成了幽灵》"不一样的卡梅拉"系列、"可爱的鼠小弟"系列、《我的爸爸叫焦尼》等经典绘本。孩子们集中注意力的能力也在这个过程中得到了一定程度的提升，一举多得！

（二）第二课堂的实践

在班里，我们只有一台电脑，而学生回到家，几乎家家都有一两台电脑。有的家长担心孩子迷恋网络游戏，甚至使出拔掉网线的狠招。其实，只要我们指导得当，先扶后放，让孩子体会到网络有利有弊，就不用担心了，因为未来的世界，互联网一定会成为他们生存的必备资源。学生入网初期，教师的作用不容忽视。

笔者在布置预习作业的时候就曾如此建议：请你和家长一起上网查阅植物传播种子的方法；请上网了解你感兴趣的太空知识……布置完这类作业的第二天，在上课时总有惊喜。你会发现专心听讲的孩子比平时多了，尤其是那几个"调皮蛋"，都安稳了许多。没错，他们在积极捕捉老师提出的问题，试图在自己已知的知识上大显身手。每当问到和预习相关的问题，前一天利用网络学习的孩子便两眼放光，高举双手，唯恐落后，有的甚至还挥舞着手中打印的资料。

除此之外，笔者还会给家长建议：在大家的 iPad、手机上，不妨少装甚至不装游戏软件，多下一点儿适合孩子阅读的绘本、童话和小说。在放长假外出时，背上厚厚的纸质书显然不合适，但走亲访友总有闲来无事时，高速路上总有堵车时，孩子们随时随地都可以拿出电子阅读器进行短时间阅读。

三、泛在阅读实践的反思和展望

不管是对泛在阅读的生活实践还是教学实践，都是笔者身处电子信息时代对阅读新方式的积极探索。虽然在不同方面均有收获，但一定还有不成熟的地方，比如在阅读的内容、形式上还有更多的探究空间；在对学生的指导上还需探索更多的路径。随着无线网络覆盖面的日益扩大，相信"随时随地成为读者"一定会被越来越多的人实践。

在科技日新月异的今天，我们不难相信，阅读的泛在化，图书馆的泛在化，甚至大量信息的泛在化，都将成为可能。在探索更好的生活方式的道路上，我们切忌错误地挪用达尔文的进化论，迎新弃旧，将纸质阅读全盘否定，同时，我们不需要新旧敌对，而应当摸索出最佳的平衡方式，让纸质阅读和电子阅读和谐共存，让阅读能突破时间和空间的限制，呈现多元化和多样化特色。

（岑 媛）

第三节 体悟泛在阅读教学

莎士比亚说："书籍是全世界的营养品。"好书能给人以心灵的慰藉与滋养，勤于读书，就是不断地给自己的心灵提供营养。好书更是教师的营养品。在泛在阅读实践中，教师只有广泛地阅读，随时随地阅读，才能够提升自身的修养，满足对学生泛在阅读学习指导的需要。

"腹有诗书气自华"，最是书香能致远。有阅读的生活，才有诗和远方。爱读书为教师们插上了双翼，让他们更多地感受到了阳光的普照。泛在阅读，渗透在每一个角落：地铁口、公交站、吃饭前的餐桌……泛在阅读，浸润着每一种人生：书籍、微信、QQ……无论何时，无论何地，只要心之所在，阅读就有所依。

本节收录了部分教师关于泛在阅读的文稿，这些文稿给了我们无限感动，更给了我们热爱阅读、坚持阅读的无穷动力！

我们要这样看微信

当微信渐渐走进我们的生活，大街上，餐厅里，轻轨上，我们不难发现一个个年轻的、年长的，全变成了"低头一族"。忙什么呢？玩微信。当然，我也是微信中的一员，我玩的是最简单的形式，每晚睡觉前必看朋友圈里大家的分享，偶尔也会发些自己的图片。人们之所以喜欢微信这个交流平台，因为它来源广，信息量大，使用也很方便。它可以综合国内外新闻大事，也可以讲述生活中鸡毛蒜皮的小事；它可以大到畅谈人生存在的意义，也可以小到生活的种种琐事；它可以大到高谈我们的教育改革动向，也可以小到学校里的个别插曲。微信这个东西，既能带给我们正面的能量，也带给我们负面的消息。

为了方便与家长交流，我也和一些家长互加了微信。我会及时给他们推送一些关于教育的文章，如关于儿童成长心理学方面的知识，关于如何提高自身素质、道德修养的建议，等等。我相信，这些正面的信息对于家长在引领孩子的成长过程中是很有帮助的。

最近，一位家长在朋友圈里发了一条信息，讲述的是一位外地人的故事：她的父母是从农村到城市打工的，家里条件不是很好。可是，这个孩子的成绩很好。为了让孩子的成绩更好一些，父母省吃俭用，拿着钱坚持让孩子去老师那里补习。也不知道什么原因，后来这个孩子就自杀了，还留下了一封遗书，说是"恨老师"，是老师让他的父母变得这样的悲惨。我当时看了之后，很为这个孩子感到惋惜。对于这位家长推送此文的原因我也不是很清楚，但我可以肯定的是，她作为家长，我作为老师，从表面上来看，她似乎将我们"对立"起来了。即便有了些许这样的感觉，但我也没有刻意地说什么，因为每个人认识问题的角度不同，必然会造成思想上的一点儿偏差，但就整体而言，它不会引出认识本身的偏差。但过了几天，又有一位家长转发了这条微信。我立即意识到了，作为老师，我该说几句话了。

我给家长的回复大概是这样的：这个孩子的离开只能给世人留下深深的惋惜。站在理智的角度去看待这个问题，难道我们真的应该去恨这个老师吗？并非因为我是老师才这么说的。从这件事，我们也能看出，在教育中，我们给予孩子的理论知识太多，而生活中怎么处理问题教得太少，以至于孩子在遇到问题时，只能选择这种极端的方式去解决。在这件事上，身为家长就没有一点责任吗？如果作为师长的我们，能真正关注孩子的心理健康，关注孩子每时每刻的情绪变化，及时和孩子进行沟通，教会孩子如何正确处理自己的不良情绪，相信这个孩子现在依然会活得好好的。在这个问题上，作为师长的我们，应该认识到自身的问题，同时，我们更应该去思考这件事情带给我们的反思是什么。只要我们站在公平、公正的立场去思考问题，站在不同的角度去正确看待问题，我们才会教出更多有主见、有判断力、能适应这个社会的孩子！这位家长看过我的回复后，只说了一句："有责任心的师长！"并点了一个赞。我想，我的这番话是发自内心的，是真正从关心帮助孩子们的角度去说的，因此家长也能体会到我的良苦用心。

　　这件事使我深深反思，我们的教育在某些层面上真的还是有所欠缺。一位孩子的婆婆出现在教室门口，我热情地招呼她，以为有什么重要事情，原来她是给她的孙女送勺子的。这样的包办能到几时呢？其实，每个人都是在错误中成长起来的，总是在这个过程中不断地积累经验，我们的孩子也不例外啊！如果身为家长，我们能更多地教会他们处理问题的方法，而不是直接帮他们解决，让他们在与人交流中，适当地经受一些小挫折，明白不可能什么事情都按照自己的主观意愿去发展，相信他们的成长会更快。

　　像微信里这对农村来的可怜的父母，他们只顾着自己省吃俭用，拿钱给孩子去补课，他们有真正和孩子交流过，有询问孩子需要补课吗？作为师长，更需要我们关心的是孩子们的心理健康，关注他们内心真正的感受。当他们说不愿意的时候，我们就应该主动和他们交流了。作为教师，我们要把家长当成合作伙伴，当成真正的朋友。只有当社会与学校、教师与家长等各方在教育理念上融为一体的时候，我们的孩子才会更健康地成长。

（周　雪）

📖【案例】

读电影 悟人生

——我的泛在阅读体验

大家或许觉得电影只带来了感官上的冲击，其实细细品读一部电影，往往会给我们更多的感悟和体会……

"一部现代感十足的趣味励志电影"，我想用这句话来形容《杜拉拉升职记》这部电影再适合不过了，也正是如此，它那么轻易地虏获了千万影迷的芳心。第一次看这部电影时我便不知不觉地被故事主人公杜拉拉所吸引，并将自己融入她的角色中，细细品读之后，感触颇深。

"她的故事，比比尔·盖茨的更值得参考。"这话听起来虽是个噱头，却道出了杜拉拉火爆的一个原因。毕竟，比尔·盖茨离我们的生活太远，相比之下，主人公杜拉拉就平凡得多。她姿色中上，没有特殊背景，受过较好的教育，在外企工作八年，从一个朴实的销售助理，成长为一个专业干练的人力资源经理，在见识了各种职场变迁的同时也经历了各种职场磨炼。她的成功，是大多数人"努力跳起来就能够得到的果子"，因而也更具参考性。杜拉拉机灵、聪慧，尤其是她的敬业精神，太值得我们去学习。

曾几何时，我一度把《飘》的主人公、基督山伯爵等当成我的偶像，而现在，杜拉拉成了我更为具体、更有影响力的偶像。

一、坚定的职业理想，迈向成功的第一步

职业理想是个人对未来职业的向往和追求，既包括对将来所从事的职业种类和职业方向的追求，也包括对事业成就的追求。青年时期是人生观、世界观形成的时期，也是我们的职业理想孕育的关键时期。作为理想的重要组成部分的职业理想，它体现了人们的职业价值观，直接指导着人们的择业行为。杜拉拉，她有着明确的目标，并朝着志向勇敢地前进，终于在不断地跳槽中实现了自己的理想，进入500强企业任职，这是她取得成功的首要原

因——坚定的职业理想。

崇高的职业理想对教师这个职业同样具有重要的意义，它使教师在创造教育社会价值的同时，体验自身价值。在职业实践过程中，教师把个人的职业理想和相应的责任、道德内化为个人的内在需要，把教书育人当作个人得以满足的价值选择，并始终不渝地坚持着。这让我想起一位教授说的："内在价值发展的最高境界是充实与幸福的主体体验境界。"

"捧着一颗心来，不带半根草去。"一个教育工作者如果对教育事业有着执着的追求和无限的热爱，那么他就会把心思投入到教育教学工作中，埋头工作，刻苦钻研，孜孜以求。我想只有这样才称得上是一位具有高尚职业道德的教师，一位有职业理想的教师。

二、开放的学习理念，收获终身的财富

从影片中不难发现，杜拉拉是个非常好学的职业女性，作为教师，树立终身学习的理念也是尤为重要和可贵的。知识在不断地更新换代，要使自己跟得上时代发展的步伐，就必须终身学习。只有通过不断学习，教师才能不断地更新自己的知识，才能掌握现代化的教学手段，传播先进的文化，造就创新型人才。教师学习的内容非常广泛，包括专业知识、育人方法、教学技能等。从我自己的实践看来，我们的更新学习可以从多种途径入手：书本、网络、他人、教学实践等。

知识是教师从业的资本，因此教师要注意不断地补充更新自己的知识储备，更新观念，拓展知识面，不断提升自己的整体素质，跟上社会发展的步伐，成为热爱学习、终身学习的楷模，从而在以终身学习为理念的社会中起积极的作用，获取受益终身的财富。

三、执着的敬业精神，铸就成功的人生

杜拉拉除了兼具以上两大优势以外，促使她最终成功的法宝便是执着的敬业精神。在当今竞争如此之激烈的社会中生存，唯有做到敬业，才有赢的可能。

敬业，就是敬重自己从事的职业，专心致力于事业，千方百计将事情办好。中华民族历来有"敬业乐群""忠于职守"的传统。结合教育的现实要求，发扬优良传统，大力倡导爱岗敬业的职业道德，是当前教师职业道德建设中十分重要的一项内容。教育事业的生存和发展须依靠全体教师敬业爱岗。社会进步说到底，是靠科学技术和生产力的发展推动的。离开持之以恒的劳动，没有敬业精神的灌注，财富从何而来？不论是一个时代还是一个民族，敬业的人越多，敬业精神越强，这个时代进步才会越快，这个民族发展才会越迅速。当然，社会进步还包含精神文明的发展，教育事业作为精神文明建设的一部分，其发展需要从事这一事业的人们具有更强的敬业精神。

读一部电影，感悟的是一种人生态度，看到的是一种积极进取的精神，一种对工作的热爱和执着的追求。《杜拉拉升职记》记录了一个贴近生活的小人物，给予我们的是人生的大智慧，激励年轻一代找寻自我，实现自我。我想这正是影片想传递的信息。

实践自我理想，成就美好人生。

（朱　娅）

📖【案例】

手机，想说爱你不容易

曾经，阅读是我业余生活的主要内容，多少个无眠的夜晚，一本本小说陪伴着我，让我走过童年，迈过青年，走进中年岁月……

虽然阅读不能改变人生的起点，但它可以改变人生的终点；虽然阅读不能改变人生的长度，但它却可以改变人生的宽度。"腹有诗书气自华"，好书能让人更博学、更睿智，让人更快乐、更幸福。通过阅读，我视通四海；通过阅读，我思接千古；通过阅读，我与智者交谈，与伟人对话；当然，通过阅读，也让我的学生更加喜欢我……对于一个生命有限的人来说，这是一件何其幸福的事啊！

身处信息极度丰富的时代，我们只有不断增值才不会被淘汰，而阅读就是自我增值的最佳途径。如果你什么也不读，那么你的头脑就会"萎缩"，你的理想将因失去活力而动摇。书籍和阅读带给我们的不仅是对心中理想世界的坚持，更是对我们思想和心灵的升华与净化，进而改变我们的生活轨迹。

在传统意义上，阅读是指文本阅读，即纸质阅读。随着数字化时代的到来，阅读的内涵和外延发生了变化，阅读成为信息社会中对所有媒介的信息性阅读。

而我就是数字化背景下的一个不折不扣的网络阅读者。手机，不知道何时起，成了我的掌中宝，新闻、资讯、图片……随时随地地冲击着我的眼球。在这里，阅读变得更加简单，翻动、下载、打开，只需要一个小小的动作、一个轻轻地点击，各种信息海量传来。我想，信息的多元化是众多手机党喜欢网络阅读的理由之一，当然，阅读时空的随意，更让人想说："手机，爱你没商量！"

渐渐地，手机阅读似乎让我患上了强迫症，提示音一响，必然想翻动查阅手机；吃饭时，手边绝对放着手机；晚上睡觉前，手机必然在自己的枕边，早上醒来第一个动作一定是查看手机：天气预报，重大事件，新闻资讯……手机成了我最忠实的伴侣，QQ联系着我和朋友的互动，微信传递着我对生活的态度。一部小小的手机，似乎立体地展现了我的喜怒哀乐。手机让我的网络阅读变得更加方便快捷，但它也似乎在我和身边人之间筑起了藩篱。慢慢地，吃饭时翻看手机的我，被朋友直接批评，如忽视对方的存在，不用心、不真诚，委屈的我有时也无言以对，因为，酷爱手机的别人，也常常给我这样的印象。手机上的小说，常常让我深夜难以入眠，眼睛发痛，头皮发麻，可是，舍不得放下，深夜漫读的我慢慢地视力衰退，四肢酸软；曾经活泼爱动的我，慢慢变得足不出户，手机似乎扩大了我的交往，但是又局限了我的朋友圈……

手机曾经是我的最爱，让我"衣带渐宽终不悔，为伊消得人憔悴"，但是现在，我越来越发现，它影响了我的生活。或许，数字化时代，会有更优化的阅读方式改变我们的生活，但目前，我却只能说，手机，想说爱你不容易……

（王渝梅）

【案例】

阅读·媒体·人
——浅谈对泛在阅读的认识与感受

过去，传统阅读的迟暮

一直以来，阅读之于我如日常，是一件令我欢喜的爱好。

还记得少时手捧新书那一刻的悸动，纸页油墨的特别气味馨香扑鼻，眼眸中跳动的黑色铅字生动而又亲近。精神的饕餮由此展开，心灵的旅程开始漫步。后来，成了一名普通的一线教师，整日与学生为伴，与教案为邻，阅读的时间仿佛停滞，我开始苦恼于无法从烦琐的寻常事务中抽身阅读。大多数时候，只能忙里偷闲地走进书店，匆匆地与各种专业书籍、与钟爱的小说绘本、与即时的新闻报刊打个照面，匆匆地购买，匆匆地阅读，说囫囵吞枣于当时的我而言再恰当不过。再后来，成了一名家有幼童的新手母亲，更多的时间消磨在育儿教子之中，案头上子女教育的书也多了起来。可是，阅读的场所、时间依然令我为难。

直到有一天，机缘巧合下发现 iPad 上内置的系统 APP 中有报纸杂志和 iBooks 两个项目，其在线内容实时更新，让我随时能够下载阅读。这个发现宛如将我推入了仙境般，为我开启了一扇与众不同的阅读之门。从此，智能手机、平板电脑便成了我的阅读首选设备，新浪微盘、喜马拉雅 FM、百度文库等网络终端替代了传统纸媒，纸质书籍的阅读似乎与我渐行渐远。

阅读让求知的人从中获知，让无知的人变得有知，全世界的人类大多都深谙其理。不过，各家各有不喜读书的理由，各人各有不便阅读的借口，此前，我也深切地感受到了这一点。中国人的读书风气不太理想，但随着阅读趋势向数字化、多元化、网络化发展，全民阅读率有所提升，且阅读的拓展范围主要倾向于网络阅读，纸质媒体如一位迟暮老人，衰落无可避免。正如《连线》杂志前主编安德森所说："报纸是在衰落，但其他媒体在爆发。"这个"其他媒体"我们不言而喻，网络、数字媒体即是主体。

现在，泛在阅读的兴起

美国社交网站 Facebook 创办人扎克伯格说他的新年愿望是多读书："读书令人感到在思想方面非常充实。书能让人全面探究一个话题，并以比如今大多数媒体更深刻的方式让人沉浸其中。我期待将自己日常接触的媒体清单更多地转向读书。"

这是一个媒体洪流喷涌而出的时代，这是一个网络、数字、移动融合发展的时代，扎克伯格口中的媒体清单不胜枚举：网络在线阅读、电子书、数字图书馆、网页浏览、电视……当社会信息化程度不断提高，当数字化内容日益泛滥，我们陡然发现：大数据时代已经来临。泛在阅读无处不在，如此众多的听众、读者、对话者、媒体消费者、自媒体分享者，见证着数字网络媒体乘势而来的神奇时刻。

在此处，喜爱阅读的我关注到一个与媒体、与人息息相关的词汇：泛在阅读。何为泛在？一般可解释为随时随地、无处不在。在我的理解中，泛在阅读即为处处皆阅读。细细一想，现在的我们无时无刻都身处在庞杂的媒体世界当中，自己的阅读生活更是拥有众多媒体的支持，确实是"泛在"的，广泛而及时的。当你乘坐地铁、公交车时，看到最多的情景就是人手一"机"，新闻时讯、微博更新、在线小说等各种形态的信息充盈着人们的双眼；当你因为某些条件所限而无法在灯下静读、细读时，运用手机、平板设备进行网络在线阅读，不失为一种恰当的选择，对标题、内容或其他摘要进行海量浏览，既节约时间也不受环境制约；当你走进传统意义的图书馆费力索引时，一类兼具信息加工、序列调整、多元开放的信息服务——泛在图书馆应运而生，它使得人们的阅读图景不再扁平，呈现出全球化、多语种、功能整合的立体形态。我没有办法准确描述泛在阅读究竟是什么，但我已然感受到了它的真实存在，同时它也深刻地影响着人们的阅读生活。

未来，传统与泛在的融合

王子舟教授曾在《随电纸书洪流走入数字阅读时代》中预测，到2030年纸质书刊将被边缘化，大量阅读的媒介将不再是纸质书刊，90%的图书都将是E-BOOK版本。想及此，我突然有些恐慌与不舍起来。尽管电子阅读、网络阅读为人们的生活带来了极大的便捷，甚至有越来越多的人更加接受和适应泛在阅读的方式。难道纸质媒介真的就将退出历史舞台了吗？从古到今，阅读介质一直同文字、语言的演变同生同息，从甲骨镌刻、帛书竹简，再到纸张图书、移动设备，阅读媒介随时代变迁、更替，但唯有书籍在浩瀚的历史长河中洗尽铅华，沉淀至今。

在我看来，媒体的多元使泛在阅读成了现实，也使传统纸质阅读受到了前所未有的挑战和冲击。除去数字媒体取代纸质媒体，是否还会有另外一种可能，即在不远的将来，我们是否可以预见，传统与泛在也能够"握手言和"，传统与泛在也能够有效融合。如果说数字阅读弥补了纸质阅读不便携带、字体无法变化、书价虚高等实际问题，那么另一方面纸质阅读在酝酿读书氛围、营造书屋环境、培养阅读兴趣上也是数字阅读无法企及的。纸质阅读、数字阅读都应包含于泛在阅读，它们既是泛在阅读中的一分子，也应该是优势互补的，以共促泛在阅读的长效发展。

我期待着传统阅读的回归，也期待着泛在阅读能够更为包容、多元地为人们所用，为人们带来高质量的阅读体验。

（蒋 靖）

【案例】

和孩子们一起读书
——《幸福的种子》阅读心得

"幸福，就是使人幸福，带给别人快乐；只有父母能带给孩子快乐，使孩子幸福。这样的父母才算得上是真正的成年人。"

——《幸福的种子》

这是这本书吸引我的第一句话。虽然我还没荣升为孩子的母亲，但从我选择了人民教师这一职业开始，我就成了无数孩子的母亲。让无数孩子快乐、幸福是所有父母的心愿，也是我最大的心愿。

通读全书，其中的一大核心思想是：不管何种身份的父母，都要意识到，只有用自己的嘴、用自己的声音、用自己的话语来拥抱孩子，告诉孩子书里的故事和书中的道理，才能让孩子在温暖、生动的话语中成长，从而积累人生的财富。

当孩子还在襁褓中的时候，父母总会"逗弄"他，用"支离破碎"却充满爱的词句去温暖孩子的心；当孩子会走路时，父母总是轻轻地把他抱在膝上，念书给他听，用肌肤的接触、语言的交流达到心灵的沟通；当孩子开始学习后，父母总会不辞辛劳、悄悄地伏案陪同，与孩子分享学习、生活的乐趣……我相信，这样的播种，会变成多年以后父母和孩子收获的幸福果实。

作为无数孩子的母亲，我更要为他们播撒下幸福的种子，让他们学习得更快乐，生活得更幸福。

阅读《幸福的种子》，觉得"和孩子们一起读书"相当在理。如果将其运用到平时的教育教学中，势必会收到不一样的效果。细想，在我的课堂上似乎经常会出现共读的情形，我把它理解为"和孩子们一起读、一起听、一起说、一起写"，这样的过程让学生学得快乐且扎实。

耐心地和孩子们一起读、一起听

小学一年级的孩子识字少，根据教学要求，学生做题时，教师要为他们读题。这其实就是训练孩子理解能力和进行有效语言沟通的最佳时机。一开始，学生听教师耐心地一字一字地指读；到后来，教师和学生一起指读。这样，学生在一起读、一起听的过程中不仅理解了题意，还学会了如何独自读题、审题，为以后的学习打下了坚实的基础。

付出总会有收获。孩子们现在已经是五年级了，他们的读、听能力已初步具备，这大大减少了他们的学习困难。但我并未就此停止，针对一些文字多且复杂的题目，我仍然和孩子们一起读、一起听、一起筛选、一起理解。我相信，经过这样的训练过程，孩子们学习的细致性、思维的严谨性一定会有所提高。

我大声地说，你小声地说

为了激发学生的数学思维，我总会让学生不停地说，不断地思考。

课堂上，对于一些难以理解、难以描述的数学语言，想要让更多的学生理解、感悟并说出来，怎么办呢？这时，教师的作用显得尤为重要。经过我的不断揣摩，我发现了一种较好的方法：我大声地说，你小声地说。顾名思义，就是我先大声地说，学生跟着我小声地说，然后学生大声地说，我跟着小声地说。

模仿是孩子的天性。当我在说的时候，他们总会竖起耳朵认真听，细心理解，跟着我慢慢地、小声地说；待孩子们说的时候，总会听到他们高亢的声音。他们的激情在告诉我，经过这样重复地、多次地说，他们已经懂了，理解了。

当然，仅仅停留于教师教、学生说还不行。到了高年级，对于那些学习能力强的孩子来说，他们已经具备了"教"其他孩子的能力。于是，我大胆放手，让他们互相教，互相说。这样既调动了学生的学习兴趣，又发展了他们的学习能力。

会说的先说，不会说的后说

一千个读者就有一千个哈姆雷特。一个班有几十个孩子，当然他们的思维、想法和学习能力也存在着相当大的差异。课堂上，部分学生学会了而部分学生未学会的情况时常出现，面对这样的情形又该怎么办呢？教师是按照教学计划继续教授，还是停下来照顾潜能生呢？如果继续教授，潜能生势必就会听不懂，如果停下来，学会的孩子又会觉得枯燥无味。于是，我想到了一个两全其美的方法：让全班孩子都行动起来，首先让会说的孩子起立，一起来教不会的孩子，然后让不会的孩子展示自己的学习成果。

这样，让孩子当孩子的老师，让孩子当孩子的学生，所有人都沉浸在这种新的学习关系中，收到的效果令人欣喜。通过一次次的练习，孩子们都想来当老师，也促使他们在课堂上积极思考，更加专注听讲，从而学到对自己有用的知识。

闭上眼睛：我来说，你来记

数学不仅要会算，也要能记住才行。那数学需要记什么呢？记的就是数学概念、数学方法、数学思路。

针对一些易混淆、难理解的数学概念，死记硬背肯定是不行的。那怎样来攻破它呢？首先得由教师带领学生一起来读，一起来理解概念，通过了解概念的本质来记住它，从而运用它。其次，在带领学生理解以后，我总会轻轻地对孩子们说：我来读一读，请大家闭上眼睛，用心记一记这句话。孩子们静静地听着、记着，从而将它内化成自己的东西。看似简单的话语和行动，却让孩子们对知识及时进行了巩固记忆。

数学方法和数学思路的掌握和理解可以极大地提升学生数学素养。基于此，我也总会在向学生们讲解以后，留给学生们静静思考、细细品味的时间。让孩子们多种感官协同合作，先动眼、动脑理解，再闭眼回忆、消化，在心里、脑海里读出数学方法和数学思路。

"孩子们能健康、快乐地成长是天下父母最大的愿望，也是我最大的愿望。"愿这句话成为我继续前行的动力。

"路漫漫其修远兮，吾将上下而求索。"在这个信息化的时代，在这个开放的社会，让阅读伴随我成长，让阅读伴随我进步，让阅读点燃学生心中的希望之火，打开学生心中的智慧之门，成就学生最美好的未来。

（袁 懿）

第四节 中小学生泛在阅读拾贝

无论是读人、读事，还是读山、读水，阅读的过程就是一个体验、感悟的过程，就是赞成与反对、吸收与摒弃、不断纠错并走向自我认可的过程。所以，中小学生要多读、善读、泛读。在多读、善读、泛读中积淀素养，养育心性。

本节收录的只是项目学校里众多中小学学生感悟泛在阅读的少部分文字。但从这数量极少的文字中，我们依然也能够真切地感受到学生对阅读的喜爱，在泛读中的收获与成长。

【案例】

《意林》杂志读后感

学生 刘晓瑞

我喜爱《意林》，因为书中有充满人生哲理的好文章，有感人肺腑的好故事，也有发人深省的好内容。闲暇时，我会捧起一本《意林》，津津有味地阅读。

《意林》栏目众多，从"锐话题"到"心灵鸡汤"，从"十八而志"到"非常故事"，最后到"续写互动"，如一道道美味的心灵鸡汤。

读了《爱的回音壁》，我知道了爱是简单的，同时又是复杂的，它是世间多种情感交织的高度统一。一句简单诚挚的问候，一句简单的"谢谢"，都是发自内心深处的一种诚意表现。当付出的爱被接受并珍视的时候，人们会感觉到爱和被爱的相互尊重与神圣。

读了《折断翅膀的雄鹰》，我知道成长需要付出代价。等到幼鹰要练习飞翔时，母鹰把幼鹰带到悬崖边上，把幼鹰推下去练习高空飞翔，即便不少幼鹰因此丧命；而后面更为残酷与恐怖，幸存下来的幼鹰被母亲残忍地折断正在生长的翅膀里大部分骨骼，被母亲再次从高处推下。很多幼鹰因此成为飞翔的祭品。一只又一只的幼鹰死亡了，但母鹰不会停止这血淋淋的训练，因为它明白，这种伤害是成长为雄鹰的必经阶段。有人曾把幼鹰从母亲身边带走，长大的幼鹰只能飞到屋顶般高便掉下来，两米多长的翅膀成了累赘，失去了翱翔蓝天的机会。

读了《一步改变一生》，我懂得了有时候不要轻视那小小的一步，它可能会改变人的一生。所以我学会了勇敢，相信自己以后遇到事情会更有自信、更勇敢一些。阅读是一个有生命的过程，在阅读中，仿佛故事中的主人公都变得活灵活现起来，给我讲述、与我交流。

读了《最好的老师》，我明白了一个道理，只有对别人关心，别人才会信任你，跟你做朋友。同时，只有对别人热情，才能激发别人的上进心。

《意林》充盈了我的智慧，升华了我的心灵。阅读《意林》是一件很惬意的事，它可以让你忘却疲劳，沉浸在那些富有哲理的小故事中。《意林》，它就像一缕温情的阳光，照耀人性的每一个角落；就像一把智慧的钥匙，将打开成功的通道；就像一位心心相印的朋友，将和我一起提升人生的境界。《意林》使我受益匪浅，是一本不折不扣的好书。

评析：

《意林》是一本难得的好读物，其丰富的故事、生动的语言，延展了读者的精神边界。常读可以益心，陶冶性情；常读可以增长见识，开阔眼界；常读可以明白事理，增强能力。《意林》倡导积极健康的思想理念，关注现实生活，贴近现代人内心世界，弘扬博爱宽容的为人处世之道，表现人与人之间最真实的情感接触。我们高兴地看到，这份厚意也滋养了本文小作者的精神成长。

读名著《三国演义》大开眼界

"以铜为镜，可以正衣冠；以古为镜，可以知兴替；以人为镜，可以明得失。"这是魏征死后，唐太宗所说的。读《三国演义》就有"正衣冠""知兴替""明得失"的作用。

思贤心切

刘备在屡战屡败后，在司马徽、徐庶的指点下，终于打听到卧龙先生——诸葛亮的下落。他日思夜想，一心想早日拜访孔明。作为一名将军，刘备放下身段，备礼，带着张飞、关羽三次前往隆中，谁知第一次便竹篮打水——一场空。第二次更是冒着大雪前去拜访，天寒地冻惹得兄弟张飞连声抱怨，刘备却说："怕冷，就回去吗？"两次碰壁之后，刘备不但不恼怒，反而愈发惦记诸葛亮，过完新年立即挑了个好日子又一次探访。这次诸葛亮虽然在家，可是碰巧正在睡午觉，刘备不忍吵醒而足足等了一个多时辰，看在刘备诚意十足，诸葛亮终于答应出山。刘备得到孔明就如鱼得水，蜀国江山逐渐扩大。可见，一位贤才对国家来说多么重要，而一位唯才是举、不计较面子、为大局着想的领导更是不可或缺的国家强盛的一大因素。

假动情感

足智多谋的诸葛亮初出茅庐便做了军师，可见其才能非同一般。他曾气得周瑜三次昏死，最后郁郁而终。周瑜在临死前仰天长叹："既生瑜，何生亮！"诸葛亮一气周瑜时，用一计"鹬蚌相争，渔翁之利"，使周瑜费尽心机，设计计谋，连日带伤征战，好不容易打败曹人，而诸葛亮却不费吹灰之力便夺下三座城池，这对周瑜来说是何等侮辱，当场便气得仰面昏死过去。诸葛亮二气周瑜时，层层识破周瑜的计策，周瑜知道后只落得了赔了夫人又折兵的下场，再次口吐鲜血，昏倒在逃跑的船上。之后周瑜一心想要除掉孔明，便又生"借路灭虢"之计，可不想诸葛亮早已识破，周瑜被蜀国人马围攻，便一头栽在了地上。诸葛亮再来一封劝告兼挖苦的信，将周瑜活活气死了。最后诸葛亮又用一苦肉计，泪洒周瑜坟前，使周瑜的手下不为主人叫屈，却替他抱不平。看来，即使在战火纷飞的时代，除了骁勇善战以外，善于用计，也极为重要。

粗中有细

"一个黑脸大汉，豹头环眼，满脸又黑又硬的的络腮胡子"，作者如此描绘张飞，一看便知张飞是个粗犷的豪杰，但当他降严颜时却粗中有细，在不打一仗、不丢一兵的情况下，比赵云和诸葛亮先到达目的。俗话说："千里之堤，溃于蚁穴。"平时多注意些细节，在关键时刻必能派上用场。

骄兵必败

关羽水淹七军后，气势如虹，锐不可当。却不料他一时大意，曹吴联手夺取荆州。关羽最终在麦城被孙权活捉，连累关平一起被杀。于是就有了关羽走麦城——最后落得千古笑。如果当初关羽打了胜仗时没有对荆州疏于防范，也不会落得如此下场；如果当初关羽没有被胜利冲昏了头脑，听从诸葛亮"被拒曹操，东和孙权"，也不会留下这么大的笑话。

任用贤人

孙权知道吕蒙在沙场上屡建奇功、有用武之地；孙权知道吕蒙的才能不仅如此，倘若让他读书，他一定能充分发挥他的才能。吕蒙听了孙权的话"好好读书"，果然，吕蒙的知识、见解有所提升，在沙场上更善用兵了。

读完书之后我眼界大开，以上几个人物给了我很深的印象。每阅读一次，就感觉多了一些不同的体验，文学素养也提升了许多。

评析：

《三国演义》是中国古典文学的瑰宝，常读《三国演义》能够增进人生智慧，对学生来说就更有意义了：一是能够增长知识，开阔视野；二是能够学会思考，学会谋略，提高对人、事的分析力、判断力；三是了解历史，思考自我人生价值。而作者所选择的这几个人物故事，也足以透视出作者在阅读中所受到的启迪。

📖【案例】

阅读（观看）《开学第一课》有感

学生 杨宗红

梦想，这是一个美好而伟大的词汇，它有一种神奇的力量，指引着我们一步步地走向成功。当我们迷惘徘徊的时候，它指引我们找到正确的方向；当我们失败的时候，它给我们勇气；当我们跌倒时，它给我们信心……

小时候，很想看看天有多高，幻想着在太空游走；想去看看大海，幻想着游过海洋；想有一双翅膀，幻想着飞过天际……梦想各种各样，很纯洁，很美妙。每个人都有一个梦想，但是实现梦想却要付出很多的努力……

今天，我们收看了《开学第一课》，今年的主题是"乘着梦想的翅膀"。今年来了很多"老师"，他们当中有的人并非像星星一样闪耀，甚至平凡得不能再平凡，但是他们也有一个美丽的梦想，他们朝着梦想努力奋斗，迎来的是美丽的未来……

第一堂课 "有梦就有动力"

多年前，杨利伟首飞当天，她只是一个坐在电视机前的小女孩，但那时的她在心中埋下了梦的种子：冲出大气层，去看看太空那个神秘的世界。多年后，靠着自己持之以恒的努力，小女孩成了我国一位女航天员，并首次在太空授课，她就是——王亚平。她鼓励我们："梦想就像宇宙中的星辰，看似遥不可及，但只要努力，一定能够触摸得到！"

王亚平的成功告诉了我们一个道理——有梦就要坚持，唯有坚持梦想才能到达目的地。

梦想不会抛弃我们，只有我们自己才能抛弃自己，没有谁能随便成功。所以，尽管在实现梦想的旅途中会出现各种磨难，经受多重考验，甚至会让我们难受得哭泣，但是，如果放弃那就什么都没有了。所以，就算再苦，再痛，再累，我们也一定要坚持，因为，坚持是实现梦想的必要因素之一。

我也有自己的梦想——当一名文学家。虽然这个梦想看起来很可笑，因为越来越多的人开始玩弄文字，认为文学家也不外如是。或者有的人认为文学家只是埋首书堆的书呆子，不能与时代接轨，不能创造社会价值，但我不这样认为。

我喜欢带着欣赏的目光、愉悦的心情阅读那些美好的文字，去了解过去历史中发生过的事情，去倾听古人的心声，去追寻他们所走过的足迹。这尽管有许多困难要克服，但我会一如既往地坚持，就像他们一样。

梦想是一把钥匙，它不能打开所有的锁，却能够打开属于我们自己的锁。但是，有个问题，这把钥匙需要我们自己去打磨，打磨得更适合我们。没有经过雕琢的人生是不完整的。所以，同学们，就让梦想雕琢我们的人生，就让梦想带领我们走向成功吧！

评析：

梦想是一个美好的词，它具有一种神奇的力量。当我们有了梦想的时候，我们就要在行动上坚持这个梦想，追求这个梦想。无论是追梦过程中收获的美好，还是实现梦想的喜悦，都是梦想的精彩。在追梦的道路上，每一段旅程都蕴藏着美丽的风景。梦想的实现并非一朝一夕，在追求梦想的道路上需要付出艰辛的努力，需要坚守梦想，坚持行动，绝不抛弃、不放弃。也只有这样，才会梦想成真。

【案例】

《鲁滨孙漂流记》读后感

学生　胡灿

这个假期我读了《鲁滨孙漂流记》，获益匪浅。

1659 年 9 月 30 日，鲁滨孙在一次航行中遇到了可怕的风浪，翻了船，除他之外无一人生还。他流落到一个孤岛上。凭着他惊人的毅力与勇气，28 年后，他依靠自己的智慧逃出了那个孤岛。

可见，鲁滨孙是何等的勇敢。初到孤岛的他是绝望的，他说："我整天悲痛着我这凄凉的环境，没有食物，没有房屋，没有衣服，没有武器，没有出路，没有被救的希望，眼前只有死，不是被野兽所吞，就是被野人所嚼……"但是，慢慢地，他独特的个性展现了出来，开始对生活充满希望，不再整天沉浸在自己的悲观中，开始一心一意地安排自己的生活。他建了小房子，做了桌子、小匣子；捕了小羊、小狗；种了小麦、稻子……就这样，他用自己的双手，创造了自己的小王国。

鲁滨孙是个坚毅的人。他曾经这样说道："我的脾气是要决心做一件事情，不成功决不放手的""我要尽全力而为，只要我还能划水，我就不肯被淹死，只要我还能站立，我就不肯倒下……"他没有助手，工具不全，缺乏经验，所以做任何事情都要花很大的力气，费好长的时间。连做一块木板都要花 42 天。他做的许多事情都是白费力气，没有成功，但他从来不放弃，总是总结了失败的教训后又重新开始。辛勤的劳动换来了令人欣慰的回报，他最后变得有船用，有面包吃，有陶器用，有种植园，有牧场，有两处较"豪华"的住所……

读完之后，我不禁反省自己：如果我流落到孤岛，能活几天？我又能干些什么？会劈柴，会打猎，会做饭？我连洗自己的衣服还笨手笨脚的呢！再说了，没有一个人与我讲话，多孤单呀！我准会憋死的！可见鲁滨孙是多么乐观向上！我觉得人应该学习他这种不怕困难、乐观向上的精神，无论何时何地都坚强地活下去，哪怕只有一线希望也要争取，决不能放弃！我们要像鲁滨孙那样有志气、有毅力、爱劳动，凭自己的双手创造财富。

评析：

《鲁滨孙漂流记》是语文的指导读本。小作者利用假期阅读了这本书，不仅丰富了自己的假期生活，也收获了沉甸甸的精神果实。鲁滨孙表现出的勇敢、毅力、勤劳和积极乐观的生活态度深深地影响了小作者。正如朱永新先生所言："人类精神的阶梯就这样随着重复阅读不断延伸。如果没有这样的重复，人类的精神就会退化，就会衰落，我们这一代人的精神境界可能还远不如文艺复兴时代的大师们，甚至还不如更早以前的历史阶段……阅读，对个体的精神成长至关重要。"

【案例】

参观重庆中国三峡博物馆有感

昨天，我和来重庆玩耍的亲戚一道去参观了重庆中国三峡博物馆。虽然我和同学们曾多次来过这里，但馆里那一件件带着历史印记的文物，还是能给我新的感受，让我感触良多。

重庆中国三峡博物馆坐落在渝中区人民大礼堂的正对面的小山坡上。站在人民广场上，向博物馆望去，一个弯弯的月牙形建筑出现在我们的眼前，显得雄伟壮观，气势恢宏，恰似三峡大坝锁住了长江的滚滚洪流。人民广场与三峡博物馆之间，是一坡缓缓的台阶，拾级而上，就来到了博物馆的底层大厅。

重庆中国三峡博物馆一共有四层，每层都有两个展厅，每个展厅展示的物品都不一样，各具特色，但又紧紧围绕"三峡"这个主题。从三峡的自然景观到风俗民情，从三峡的远古历史到库区城乡历史的变迁，从三峡工程的规划、建设到库区人民顾全大局、破解百万移民的世纪难题，看得令人震撼、令人自豪！

重庆中国三峡博物馆底层大厅宽敞明亮，我们迫不及待地跨进了博物馆，走进了"壮丽的三峡"展厅。这个展厅一共分四个单元，分别是"造化三峡""山水之间""三峡风流""永远的三峡"。这个展厅以丰富的文物资料展示了三峡的历史文化、人文精神；陈列了三峡从最原始的风貌到建成后的规模，有几千年被水流冲刷的岩石，有一座座樵石，也有一幅幅图片记录着三峡发展全过程。给我留下深刻印象的是三峡纤夫的塑像，纤夫用纤绳和血汗磨出的道道沟痕和凹槽的纤夫石，它们一起见证了三峡人坚忍顽强的生命意志，见证了长江水运的苦难，蕴含着深刻而悲壮的人文精神。

我们又来到二楼，参观了"远古巴渝""重庆，城市之路"展厅。"远古巴渝"展厅主要通过出土的文物展示了巴渝的古文化历史，陈列了丰富的陶罐和兵器，除了必不可少的文字资料，还有视频图像，有的地方还可以通过听筒来听语音资料。内容可谓是丰富详细，游客基本可以不用专门的解说员进行解说便可大概了解。"重庆，城市之路"这个展厅，介绍了抗战爆发、国民政府移驻重庆、重庆人口突增，导致重庆扩建的历史。漫步在重庆的老街，一间间充满重庆特色的油腊铺、棉花店、打铁铺、老药铺，特别的是火锅店，让我们这些新重庆人耳目一新。

我们在三楼看了"历代钱币"展厅，这里展示了从古至今各种钱币的模样，从古代的金银铜币到现在的人民币，让我看得眼花缭乱。

四楼是各种书画、瓷器展。

又一次参观重庆中国三峡博物馆，让我对重庆的历史文化有了进一步的了解，有了更深的认识。我相信在我们重庆人的努力下，一定会把这座城市建设得更加美好！

评析：

重庆中国三峡博物馆收藏了这座城市的历史文化，展示了这座城市的精神和梦想。作为游客，参观重庆中国三峡博物馆，就能了解重庆的过去与今天。作为一名重庆人去重庆中国三峡博物馆观看，就是阅读一部重庆的历史书。

📖【案例】

阅读后的表达——演讲三则

书娘

学生 舒俊豪

在蓝蓝的天空中，谁最快乐？鸟儿，因为蓝天给了鸟儿一双坚硬的翅膀；在茫茫的大海里，谁最欢畅？鱼儿，因为大海给了鱼儿一片广阔的世界。如果你问谁令我感到最幸福？我会毫不犹豫地回答："妈妈！"因为是妈妈带我在书籍的世界里徜徉，她为我点亮了一盏盏通向阅读殿堂的明灯。于是，我会叫妈妈一声"书娘"！

小时候，我是在妈妈所讲的故事中长大的。每个夜晚，在柔和的灯光下，妈妈都会给我讲书上有趣的故事。听着听着，我慢慢地、不知不觉地就进入了甜美的梦乡——在幽兰色的夜空中，我仿佛成了一颗长着翅膀的小星星，在宇宙中自由自在地翱翔……忽然，我梦见自己变成了故事中的小鹿斑比、善良的小矮人、可怜的流浪狗、流浪猫……我庆幸有一位为我读书的妈妈，是她让我爱上了书籍。

刚开始阅读时，我常遇到拗口的字音、陌生的字词，这让我对阅读望而却步。妈妈就用古代文人陶渊明的一句话启发我："好读书，不求甚解！"于是我坚持阅读。闲暇时，我常常一个人沉浸在书的海洋里，静静品味书中的故事。我曾为卖火柴的小女孩流下同情的眼泪，也曾为《皇帝的新衣》中愚蠢的皇帝而捧腹大笑，更为居里夫人、诺贝尔他们追求科学、坚强执着的精神而感动。

爱上读书的我阅读量逐渐增大，但有时候我读书依旧囫囵吞枣，妈妈就用大思想家孔子的话教导我："学而不思则罔。"阅读而不思考，等于吃了饭而不消化。当我对书中的话语百思不得其解时，妈妈就鼓励我："书读百遍，其义自见。"渐渐地，我明白了，要好读书，读好书，更要有所思考地读书。我庆幸有一位教我读书的妈妈，是她教给了我许多读书的方法。

有了妈妈，有了"书娘"的教诲，我就像一只勤劳的蜜蜂，不知疲倦地在书香百花园里采集花粉；又像一块海绵，日夜不停地在知识的海洋中汲取水分。大诗人歌德曾说："读一本好的书，就像和一群高尚的人对话。"是的，一本本好书，给予了我精神的力量。

母亲给了我生命，用乳汁哺育我成长；"书娘"给了我书籍，为我打开认识世界的一扇窗。我庆幸我有这样一位妈妈，有这样一位"书娘"。

同学们，和我一起热爱读书吧！让书香伴我们快乐成长，让书香滋润我们的人生！

评析：

扣题精准，意理清晰，感情真挚，细节动人。

海伦·凯勒引领我成长

学生 刘昱祺

美国作家马克·吐温曾经说过："在19世纪最值得一提的人物是拿破仑和海伦·凯勒。"今天，我要给大家介绍的就是海伦·凯勒。她是19世纪美国的一位女作家，主要著作有《假如给我三天光明》《我的生活》等。海伦·凯勒也是一位著名的教育家、慈善家和社会活动家，她把自己的一生献给了盲人福利和教育事业，曾被美国《时代周刊》评为"美国十大英雄偶像"。可是你相信吗，这样一位杰出的女性，她竟然是一位又聋又盲的残疾人。

海伦·凯勒在1岁半的时候得了一场重病，疾病夺去了她的视力和听力，接着她又丧失了语言表达能力。然而，就是这样一个又聋又盲的她，竟然以优异的成绩考入美国哈佛大学；就是这样一个又聋又盲的她，竟然掌握了英、法、德、拉丁文等多种语言；就是这样一个又聋又盲的她，竟然用自己不屈的灵魂赢得了全世界的尊重。海伦·凯勒真是一个奇迹，一个让人惊叹不已的奇迹！

当我读到"海伦·凯勒为了读准字音反复练习，一个音来回发了好几百遍，嘴唇都肿了"时，就情不自禁地想到自己，我从小就学习舞蹈，总梦想着有一天能成为一名出色的舞蹈家。可是由于练功难度的增大，每次练习时身体都十分痛苦，我就开始厌烦练功，甚至一次次产生放弃的念头。看到海伦·凯勒凭借顽强的毅力战胜了自己生理上的缺陷，再看看我自己，遇到一点儿小困难就畏难却步，我感到羞愧万分。海伦·凯勒都能克服各种困难，我还有什么理由放弃理想？是做一个懦夫，还是勇往直前，成为一个有作为的人？我从海伦·凯勒的身上找到了答案。

感谢海伦·凯勒，是她告诉我毅力是成功的钥匙，是她让我浑身充满了战胜困难的力量。在她的引领下，我人生的小船必将乘风破浪，无所畏惧。

评析：

海伦·凯勒作为一个"人文地标"，感动过无数向往光明、向往友爱的人。本文作者也被她深深地感动了，并因此改变了自己的人生态度和行为方式。之所以能够发生这样令人欣喜的变化，是因为作者能够以海伦·凯勒作为榜样，不断地对照并修正自己。这样的阅读，就生发了读者新的人生意义，值得提倡。

我读书我快乐

学生　方筠然

我叫方筠然，在学校里，同学们都习惯叫我"小书虫"。

下课了，同学们一窝蜂地跑出教室，我却捧着书坐在角落里埋头阅读；放学了，同学们争先恐后坐上校车准备出发了，如梦初醒的我才拿着一本书在后面高喊"等等我……"；吃饭了，因为舍不得丢下书，我时常会把辣椒送进嘴里大口吃下，直辣得我"上蹿下跳"……虽然每次提起这些情景，妈妈都会笑我是个小傻瓜，可我对读书的热情不但没有减少，反而与日俱增。

记得三年级时，我疯狂地迷上了漫画书，上课时总是充满联想——语文老师讲课那和蔼可亲的样子，真像天真可爱的阿拉蕾；数学老师板着脸批评同学时，我一下子记起了大雄的妈妈，导致成绩急剧下滑。一天上课，正当我"瞒天过海"扎在《蜡笔小新》的漫画书里时，隐约听到有人叫我的名字，我赶忙站起身来，脱口而出："是蜡笔小新干的！"全班一阵哄堂大笑。"方筠然，把书交上来！"老师一声"叱喝"，如晴天霹雳让我顿时清醒过来，我羞愧地低下了头。妈妈知道这件事后，封存了我所有的书，没书的日子，我跟丢了魂似的，做啥事儿也提不起兴趣，只好一下课就依偎在看书的同学身旁，"凿壁借光"，看着那文字，闻着那墨香，我的心就快乐起来，整个人顿时神清气爽，可一回到家又像打蔫的茄子，无精打采。

一个星期后，心疼我的妈妈没办法，只好解除了禁令。这件事使我明白了，虽然"书籍是人类进步的阶梯"，但不分场合读书或读书不得法，也会成为前进的障碍。

从此，好书成了我最亲密的朋友，"科学漫画书"让我知道了茫茫宇宙的起源；《寻访夏商周》为我打开了中华五千年的历史宝库；《巴黎圣母院》让我用心去分辨美与丑；《钢铁是怎样炼成的》里的保尔，不向命运低头的顽强精神彻底地折服了我……书使我明白了人要自律，使我不再为一点儿小事和同学争吵不休，更不会对别人的困难熟视无睹。大家都说，"小书虫"长大了，懂事了。

雄鹰要到宽阔的碧空中搏击风雨，鱼儿要到无边的海洋里劈波斩浪，我们也要到丰富的书籍里，去获取精神食粮！我快乐——因为读书。我读书，我快乐！

评析：

"开卷有益"并非人人有益。从阅读中获得快乐，获得灵感，获得充实，都是阅读的好，但不能缺了读者的智慧。从这篇小文中，我们不仅能够真切地感受到小作者在阅读中的欢愉与成长，也为其所选择的精致的小细节和流畅的文笔所感染。

思考与展望

"当每个人都拥有铅笔和书本，而不需与他人共用时，人们的学习方式将会随之发生改变。"有关研究表明，泛在阅读为阅读者提供了一种无缝对接的阅读空间，符合人类终身学习的需求，是一种新型的5A(Anytime, Anywhere, Anyone, Any device, Anything) 阅读模式。根据泛在阅读的实践，尚有许多问题需要我们去解决。

如何构建一个交互性强又无缝对接的阅读空间？

在泛在阅读语境里，阅读者可以根据自身的需要在多种多样的空间中以不同的方式进行阅读，让所有的实际生活空间都变为阅读空间。泛在阅读之资源环境把整个互联网拥有的信息资源，包括整个社会和自然界资源，都纳入其中，这与学生到图书馆、学校进行阅读有很大的区别。而泛在阅读能否产生效应主要取决于阅读者所处的情境，并不是每一个人都能够拥有或者适应这个情境。

目前，中小学智能化校园还处在建设初期，如何提供先进的阅读物理环境，也是一个问题。从智能化校园建设的先进地区来看，泛在阅读的实现需要数字化技术环境和阅读资源，整合多种教学模式和弹性、灵活的阅读支持服务等多方面资源的支撑，如射频识别、红外数据通信端口、蓝牙端口等通信接口的智能手机、笔记本电脑等移动设备，分辨率较高、尺寸大小适中的屏幕，等等。这都需要教育主管部门和学校下大力气，创造适合学生的泛在阅读空间。

如何加速泛在阅读观念的转变？

传统阅读，是以个人为中心的阅读，阅读对象多为传统的纸质材料。

阅读内容虽然包罗万象，但是，由于对精神产品生产过程的严格把关，呈现在社会面前的总是种种精神的偶像或严谨的历史事实，使人产生一种崇拜心理。纸墨的芳香，文字特有的唤醒想象的魅力，都让阅读成为一种难以超越的精神享受。纸墨印刷所产生的稳定性心理，带给人们安全感。长期养成的阅读心理和阅读方式，又为传统阅读带来了更大的发展空间。而在泛在阅读情境中，给读者带来的是碎片化的、无安全感的阅读，因此，人们对泛在阅读还保留了观望的心理。因而，如何加速阅读观念的转变，也是摆在教育工作者面前的一个难题。

如何有效运用泛在阅读资源？

泛在阅读是一种随时、随地、随设备阅读的"三随"自主式阅读，而泛在阅读信息载体又为泛在阅读提供了阅读资源无限广阔的可能性，使每一个社会成员都能够充分享受获取信息资源的公平性，这对传统的教育和思维方式产生了强大的冲击。阅读资源扩展化使得知识不再是教师的专利，在教育功能真正得到扩张的同时，也给教师提出了严峻的挑战：教师的作用在哪里？教师如何为学生提供丰富的资源环境以满足学生的需要？如何把握教师在学生阅读过程中的参与程度？如何使学生与泛在的阅读资源环境进行无缝对接？如果有必要对现有的教学方式和教学过程进行改变，从而使得阅读资源能够在大范围中被重复使用，我们又将如何使这个变化过程变得容易？传统教育中存在的不足在泛在阅读情境中又一次凸现。

主要参考文献

一、著作类

[1] [苏]苏霍姆林斯基 著.毕涉芝等 译.育人三部曲[M].人民教育出版社,1998.

[2] [苏]苏霍姆林斯基 著.杜殿坤 编译.给教师的建议[M].教育科学出版社,2003.

[3] 谢华良.世界伟人的儿童时代——鲁迅[M].长春:北方妇女儿童出版社,2006.

[4] 薛瑞萍 著.我们班的阅读日志——做一个自觉的儿童阅读推广人[M].北京:北京师范大学出版社,2007.

[5] 王荣生 著.阅读教学设计的要诀——王荣生给语文教师的建议[M].北京:中国轻工业出版社,2014.

[6] [美]雷夫·爱斯奎斯 著.卞娜娜 译.第56号教室的奇迹——让孩子变成爱学习的天使[M].北京:中国城市出版社,2009.

[7] [美]约翰.杜威 著.王承绪 译.民主主义与教育[M].北京:人民教育出版社,1990.

[8] 中华人民共和国教育部制订.义务教育语文课程标准(2011年版)[M].北京:北京师范大学出版社,2012.

[9] 余文森 著.有效教学十讲[M].上海:华东师范大学出版社,2009.

[10] 陶行知.陶行知全集(第7卷)[M].成都:四川教育出版社,2009.

[11] [美]莫提默·J.艾德勒.[美]查尔斯·范多伦.如何阅读一本书[M].郝明义.朱衣 译.北京:商务印书馆,2004.

[12] [德]赫尔巴特.普通教育学、教育学讲授纲要[M].杭州·浙江教育出版社,2002.

[13] 沙莲香.社会心理学[M].北京:中国人民大学出版社,1986.

[14] 全国十二所重点师范大学联合编写.教育学基础[M]北京:教育科学出版社,2002.

[15] 金炳华.哲学大辞典分类修订本[z].上海:上海辞书出版社,2007.

[16] 鱼霞.反思型教师的成长机制探新[M].北京:教育科学出版社,2007.

[17] [苏]苏霍姆林斯基 著.杜殿坤 译.给教师的建议[M].北京:教育科学出版社,2003.

二、文章类

[1] 李毓秋,张厚粲,李彬,李凤玫.中小学生阅读理解能力结构的研究[J].中国教育学刊,2003(3).

[2] 刘桦洋,张相乐.小学生课外阅读习惯存在的问题及对策[J].长江大学学报（社科版）,2014(10).

[3] 孙建军.大数据时代人文社会科学如何发展[N].光明日报,2014-07-07(11).

[4] 郭全中.传统媒体转型的四大关键[J].新闻记者,2015(10).

[5] 富琳.国民阅读的困境及其拯救策略[J].图书馆学研究,2014(17).

[6] 程亚男.关于阅读推广的几个问题[J].图书馆研究与工作,2009(4).

[7] 韩阳.推广阅读从改变观念开始——访红泥巴读书俱乐部创始人阿甲[J].出版参考,2006(19).

[8] 郝振省.让阅读成为国民基本生活方式的一部分[J].出版参考,2003(29).

[9] 李浩.浅阅读语境下推广经典阅读的价值研究及策略[J].图书情报论坛,2013(3).

[10] 李新祥.全民阅读推广"热"的"冷"思考[J].出版广角,2013(13).

[11] 朱永新.应把全民阅读作为国家战略[J].理论学习,2009(9).

[12] 李克强总理答中外记者问[N].人民日报,2015-03-16（1）.

[13] 许嘉璐.阅读对当今中国具有紧迫的现实意义[J].中国出版,2007(5).

[14] 莫启仪.从国外阅读社交网站看泛在阅读[J].新世纪图书馆,2015(5).

[15] 潘基鑫,雷要曾,程璐璐,石华.泛在学习理论研究综述[J].远程教育志,2010(2).

[16] 朱淑华.从战略高度推进儿童阅读[J].图书馆理论与实践,2010(2).

[17] 聂晶.论公共图书馆对少儿阅读意识的培养[J].新世纪图书馆,2013(1).

[18] 涂美珍,欧阳龙生.关于深入认识意识的作用的思考[J].江西科技师范学院学报,2002(6).

[19] 朱淑华.从战略高度推进儿童阅读[J].图书馆理论与实践,2010(2).

[20] 曹桂平.亲子阅读活动中绘本运用形式与策略[J].国家图书馆学刊,2014(6).

[21] 张翠娥.感受力培养:语文教学目标定位思考[J].江苏教育学院学报（社会科学版）,2006(4).

[22] 王寅.体验哲学:一种新的哲学理论[J].哲学动态,2003(7).

[23] 朱宏.感受力在写生中的作用[J].美术观察,2012(5).

[24] 杨雄,刘程.关于学校、家庭、社会"三位一体"教育合作的思考[J].社会科学,2013(1).

[25] 刘尧.我国社区教育发展现状、问题及对策[J].华中师范大学学报(人文社会科学版),2010(4).

[26] 顾永清,朱卫红.家校合作--社区教育的未来[J].曲靖师范学院学报,2004(2).

[27] 吴霓,叶向红.学校、家庭、社区三方联动促进教育协调发展的现状及对策——基于北京市石景山区教育实践的思考[J].教育研究,2012(12).

[28] 王佑镁.数字化阅读对未成年人认知发展的影响研究[J].中国电化教育,2013(11).

[29] 池莲.谈电子商务O2O模式面临的机遇与挑战[J].商业时代,2014(25).

[30] 王飞绒,龚建立,柴晋颖.虚拟社区知识共享运作机制研究.浙江学刊[J],2007(5).

[31] 孔德超.虚拟社区的知识共享模式研究[J].图书馆学研究,2009(10).

[32] 阿瑟·耶普,张云皋.阅读的过程、要素和方法[J].国外外语教学,1979(Z1).

[33] 丁雪梅.关于中小学教师阅读缺失的思考[J].教学与管理,2007(7).

[34] 李保强,张娜.基于专业发展的教师读书观——苏霍姆林斯基的教师读书思想审视[J].教育科学研究,2012(3).

[35] 丁念金.课程内涵之探讨[J].全球教育展望,2012(5).

[36] 何云峰.隐性课程的理论探讨[J].教育理论与实践,2010(2).

[37] 钟祖荣.学习方法的要素、结构与功能[J].中国教育学刊,1999(1).

[38] 焦雯.第十一次全国国民阅读调查显示:多数国民认为自己阅读量偏少[N].中国文化报,2014(1).

[39] 杨清.贴近学生的真实阅读:国外阅读评价分析——以PIRLS、PISA和NEAP为例[J].外国中小学教育,2012(5).

[40] 王瑞荣,孙传芳,刘玉惠.小学阅读评价的思考与实践[J].当代教育科学,2004(13).

[41] 倪文锦,郑桂华,叶丽新.阅读评价的国际借鉴[J].课程·教材·教法,2014(12).

[42] 周同,谢欢.青少年阅读评价体系初探[J].图书馆理论与实践,2015(6).

[43] 闫书广.素质教育实施的路径之一——行为习惯养成教育[J].教育理论与实践,2011(2).

[44] 申仁洪.学习习惯:概念、构成与生成[J].重庆师范大学学报(哲学社会科学版),2007(2).

[45] 刘桦洋,张相乐.小学生课外阅读习惯存在的问题及对策[J].长江大学学报(社会科学版),2014(10).

[46] 陈琦,郭佳音.谈低年级学生良好学习习惯的养成[J].上海教育科研,1998(11).

[47] 吴念阳,张东昀.青少年亲子关系与心理健康的相关研究[J].心理科学,2004.

[48] 李娜.小学生家庭环境与行为习惯养成的相关性研究[J].教育理论与实践,2011(6).

[49] 王晓平,胡艳萍.小学生家庭阅读情况的调查研究[J].内蒙古师范大学学报(教育科学版),2007(6).

[50] 王台珍.浅谈家庭早期阅读的指导[J].浙江青年专修学院学报,2008(3).

[51] 宗韵.从文献资料看明清徽商家庭内的言传身教[J].江淮论坛,2007(2).

[52] 孙姝慧.俄罗斯家庭年儿童阅读活动及启示[J].图书馆建设,2012(4).

[53] 陈世明.论亲子阅读中家长的角色特征[J].赤峰学院学报(汉文哲学社会科学版),2009(12).

[54] 吴秀娟,张浩,倪厂清.基于反思的深度学习:内涵与过程[J].电化教育研究,2014(12).

[55] 胡中锋,李群.学生档案袋评价之反思[J].课程·教材·教法,2006(10).

[56] 李莉.电子档案袋——初任教师专业成长的有效路径[J].电化教育研究,2011(12).

[57] 黄光扬.正确认识和科学使用档案袋评价方法[J].课程·教材·教法,2003(2).

[58] 王保中.高中信息技术课程评价方法研究——应用数字化档案袋评价方法的个案研究[D].长春:东北师范大学,2003.

[59] 孟娟娟,夏惠贤.档案袋评价:关注学生学习与成长的评价[J].外国中小学教育,2011(2).

[60] 雷彦兴,刘桂雪.档案袋评定的电子化构架及开发策略[J].电化教育研究,2003(10).

[61] 易进.建构促进教与学的课堂学习评价[J].教育学报,2013(5).

黄纪针.国外档案袋评价应用和研究述评[J].解放军外国语学院学报,2012(6).

[62] 顾明远.中国教育路在何方——教育漫谈[J].课程·教材·教法,2015（3）.

[63] 朱永新.阅读改变我们的一切[N].南方都市报,2011.

后 记

2012年，重庆市渝中区教师进修学院申报的"区域推进中小学生阅读能力提升的实践研究"成功立项为重庆市规划办重点课题。2014年初夏，课题组在重庆市第四十二中学校召开了课题阶段性成果汇报会，会上展示了课题实验学校的一堂研究课——漫画欣赏课。此次成果汇报会反响强烈，课题组深受启发，认识到阅读不应局限于文字阅读和纸质阅读，尤其是在如今这个信息时代。基于上述认识，课题组成员围绕"泛在阅读"开展了一系列实践探索。

2014年仲夏，课题组启动了《泛在阅读思与行》编写工作。随后，课题组一边着手拟定编写提纲，一边组织课题实验学校师生积极开展泛在阅读实践活动。在泛在阅读行动研究过程中，课题组面向实验学校师生开展了泛在阅读征文活动，收到教师征文99篇，学生征文104篇，这为本书提供了丰富的案例与素材。

2015年，《泛在阅读思与行》编著小组完成了第一稿。为保证书稿质量，编写小组成员多次修订，几易其稿，最终成书。作为本书编者，我们衷心希望它能够有助于更新广大中小学教师的教育观念，尤其是扩充和加深教师对阅读的理解与认识，并能为广大师生提供一些可操作、可借鉴的案例。

重庆市渝中区教师进修学院党委书记张静和重庆市教育科学研究院邓建中副研究员为本书提出了编写目的和编著提纲，对每章节也分别提出了具体的指导意见，并亲自撰写了部分内容。主要参与本书编写的有：第一章，重庆市渝中区教师进修学院包蔼黎，重庆市第四十二中学校马良；第二章，重庆市渝中区教师进修学院王小毅、江明菊；第三章，重庆市渝中区人和街小学刘小波，重庆市渝中区教师进修学院赵小翠；第四章，重庆市第四十二中学校马良，重庆市渝中区中四路小学校王陆森。张静、包蔼黎、江明菊、赵小翠、谭仕政、张春燕等参与了统稿和校稿工作。

我们还要感谢中华路小学、大同实验学校、邹容小学、中山小学、人和街小学、曾家岩小学、中四路小学、大坪小学、马家堡小学、鹅岭小学、重庆市第四十二中学校等十余所实验学校师生的艰辛付出与大力支持。

诚恳希望读者朋友对本书提出宝贵意见。

意见反馈邮箱：cqyzghb@163.com

编者
2017年3月